HOGESATZBAU

TRIUMPH DES WISSENS

KUNSTMANN

Zweite Auflage 2018
© Verlag Antje Kunstmann GmbH, München 2018
Fotos: Hoffotografen Berlin, Peter van Heesen, HoGeSatzbau
Illustrationen: Dimitar Stoykow, Niels Bülow, Alistration, Schwarwel, Martin Perscheid
Inhalt: Kiki Klugscheißer, Grafikhool
Grafik, Design, Satz und Layout: Grafikhool
Druck und Bindung: Pustet, Regensburg
ISBN: 978-3-95614-268-0

Gewidmet und in Erinnerung an
Dr. Hans-Ulrich (Uli) Suckert,
der uns vor seinem Krebs-Tod zu
diesem Buch ermutigte und uns
mit seinem Wissen unterstützte.

„WIR MÜSSEN ALS GESELLSCHAFT GEGEN HASS AKTIV SEIN, OHNE ANGST ZU HABEN, IM BESTEN FALL HABEN WIR SOGAR SPASS DABEI."

Die ehrenamtlich arbeitende Initiative „Hooligans Gegen Satzbau", kurz #HoGeSatzbau, wurde von einer Erziehungswissenschaftlerin und einem Kommunikationsdesigner, als digitale Antwort auf einen zunehmenden Rechtsruck, gegründet.

Seit Oktober 2014 kommentieren und illustrieren die #HoGeSatzbau das politische und soziale Weltgeschehen, korrigieren die sogenannte Rechts-Schreibung (S.10), informieren über Hintergründe, entlarven Falschaussagen und fördern eine sachlich-differenzierte Diskussion.

Den selbst ernannten „Patrioten" (neonazistischen „Hooligans gegen Salafisten", Bürgerwehren, Pegida, AfD, Identitäre Bewegung u.v.a.), die eine Stimmung des Hasses und der Ablehnung teils gewalttätig in die Mitte der Gesellschaft pflanzen, begegnen die #HoGeSatzbau mit Ironie, Satire und Wissen.

Dabei bedienen sie sich übertriebener Klischees, um sie zu entkräften, und halten einer von Populismus, Meinungsmache, Fake News und Verrohung geprägten Gesellschaft einen unbequemen Spiegel vors Gesicht.

HOGESATZBAU

gemeinsam sind wir schlau

HOOLIGANS GEGEN SATZBAU BLAMIEREN FACEBOOK, ALS FACEBOOK IHNEN EINEN PREIS VERLEIHT

„Es ist allerhöchste Zeit, dass Facebook auf menschenverachtende Inhalte genauso schnell reagiert wie auf nackte Brüste."

Sie sind keine bequemen Preisträger. Auf die Aufforderung vor der Verleihung, Personalausweise einzureichen, schicken Hooligans Gegen Satzbau selbst gestaltete Fantasieausweise an Facebook, mit Cartoongesichtern.

Und als die drei am Dienstag auf der Bühne stehen, in ihren weißen Markenzeichen-Sturmhauben, haben sie kein gutes Wort für den Konzern übrig, der ihnen gerade einen Preis verliehen hat.

Artikel online:
www.vice.com/de/article/znkjd4/hooligans-gegen-satzbau-gewinnen-facebook-preis-kotzen-bei-verleihung-ber-den-konzern-ab

Mit dem Smart-Hero-Award zeichnet Facebook soziale Initiativen im Netz aus. HoGeSatzbau – „eine Initiative gegen Rechts-Schreibung", wie sie sich selbst nennen, hat ihn auf jeden Fall verdient.

Sie nehmen rechte Kommentare in sozialen Netzwerken aufs Korn und korrigieren das – meist sehr undeutsche – Deutsch der „nationalen Bildungsflüchtlinge", wie sie die Verfasser der Beiträge nennen.

Dafür wurden sie schon häufiger von Facebook geahndet: „Dass wir von euch für unsere Arbeit ausgezeichnet werden, ist absurd, belief sich euer Dank bisher doch auf unsere Sperrungen und Löschungen", sagen HoGeSatzbau in ihrer „Dankesrede". Und überhaupt: Statt eines Preises wäre es ihnen lieber, Facebook würde seinen Job, Hasskommentare zu löschen, ordentlich machen.

„Es ist allerhöchste Zeit, dass Facebook auf menschenverachtende Inhalte genauso schnell reagiert wie auf nackte Brüste", heißt es in ihrer Rede. „Wir sind es leid, als Antwort auf Meldung von Hass und Hetze, eine Nachricht zu bekommen, dass nicht gegen eure Gemeinschaftsstandards verstoßen wurde, während wir eure Nutzer täglich animieren, sich gegen Menschenfeindlichkeit einzusetzen."

Ihr Preisgeld spendeten HoGeSatzbau lieber der LGBTI-Initiative Enough is Enough. Facebook wolle sich eh nur eine „weiße Weste" kaufen. Und eine ziemlich billige weiße Weste obendrein: 2.500 Euro war Facebook das Engagement gegen Hasskommentare wert. Zum Vergleich: 1,86 Milliarden Euro Gewinn meldete der Konzern in diesem Sommer.

„NUR GEISTIG KRANKE AKZEPTIEREN EINEN MULTIKULTI EINHEITSBREI."

„WIE KRANK SEID IHR DENN ALLE? IHR BEKLATSCHT DIE ARMEE, DIE EUCH DEN GARAUS MACHEN WIRD."

„DIE AUSLÄNDER HABEN EIN SCHEISSDRECK AUFGEBAUT. DA SIE ABER SO EIN TOLLER GUTMENSCH SIND, HOFFE ICH, DASS SIE MAL EINE GRUPPE DIESER FACHARBEITER BESUCHT. GRINS."

Lieber Smart Hero Award,

diese Kommentare stehen bereits seit Wochen von euch unkommentiert auf eurer Facebookseite. Dabei steht „Smart" doch für den klugen Einsatz von Social Media für Anerkennung, Respekt und Toleranz. Die Tatsache, dass selbst ihr solche Kommentare einfach so hinnehmt, zeigt uns deutlich, wie wichtig unsere Arbeit ist. Denn wir schauen nicht weg, sondern zeigen mit dem Finger drauf. Es ist allerhöchste Zeit, dass Facebook auf menschenverachtende Inhalte genauso schnell reagiert wie auf nackte Brüste.

Zeit, dass die Politik begreift, dass sich der Hass bereits aus den sozialen Netzwerken seinen Weg in die Realität bahnt.

Wir sind es leid, als Antwort auf Meldung von Hass und Hetze, eine Nachricht zu bekommen, dass nicht gegen eure Gemeinschaftsstandards verstoßen wurde, während wir eure Nutzer täglich animieren, sich gegen Menschenfeindlichkeit einzusetzen. Es ist bezeichnend, dass bei diesem so „wichtigen" Preis die Schirmherrin Frau Schwesig mit Abwesenheit glänzt und auch ihre Vertretung bereits nach ein paar Minuten ging.

WIR KÖNNTEN ÜBERFLÜSSIG SEIN, WENN IHR HANDELN WÜRDET!

Dass wir von euch für unsere Arbeit ausgezeichnet werden, ist absurd, belief sich euer Dank bisher doch auf unsere Sperrungen und Löschungen.

Wir können, wie viele hier, Geld, oder besser noch, eine zuverlässige Förderung, dringend brauchen. Es fällt uns schwer, Geld von einem Konzern zu erhalten, der sich, unterstützt von der Bundesfamilienministerin, mit einem Kleingeld in Höhe von 2500€, eine weiße Weste kauft.

Wir wollen nicht, dass ihr euch hiermit einfach aus der eigenen Verantwortung stehlt. Ihr solltet euch dafür einsetzen, dass all diese tollen Menschen hier, die wissen, was zu tun ist, wirklich in ihrer Arbeit unterstützt werden. Wir freuen uns über die Auszeichnung durch unsere Follower, aber wir wollen dieses Geld nicht und möchten es direkt an ENOUGH is ENOUGH weitergeben, die auch wirklich hervorragende Arbeit leisten und es verdient haben.

HoGeSatzbau bei der Preisverleihung 2016, mit Laudatorin Sina Tkotsch

Foto:Tobias Koch (www.tobiaskoch.net)

GEMEINSAM SIND WIR SCHLAU - ÜBER DIESES BUCH

Michael
auf Facebook

Verbreiten, verbreiten, sichern, speichern! Dokumentieren! Keiner wird sagen können, er habe das nicht gewusst! Ich hoffe, es gibt bald ein großes Dossier zur AfD. Eine richtige Sammlung mit den vielen öffentlich zugänglichen Verfehlungen!

Auf dass es jeder noch ein letztes Mal hören kann! Und dann:

Ton aus! Keine Plattform mehr bieten! Zurückdrängen! Gesellschaftlich ächten!

Gesagt, getan und da ist er, der „Triumph des Wissens" von und mit unseren aufrechtdeutschen Vaterlandsverteidigern, patriotischen Ehrenmännern/ -frauen und strammdeutschen Beschützern deutscher Kinder, Frauen, Senioren und Obdachlosen. Mit jeder Menge „Mut zur Wahrheit" offenbart er durch seine unveränderten Originalzitate aus den sozialen Netzwerken, jenseits von „Zensur" und „Meinungsdikatatur", wirklich wahre Wahrheiten und unfassbares Geheimwissen.

Tief werden wir in den braunen Sumpf eintauchen und Dinge zutage fördern, die ihr vielleicht niemals wissen wolltet, aber besser wissen solltet.

AM ENDE WIRD NIEMAND SAGEN KÖNNEN, ER HÄTTE ES NICHT WISSEN KÖNNEN!

Der III. Bildungsweg

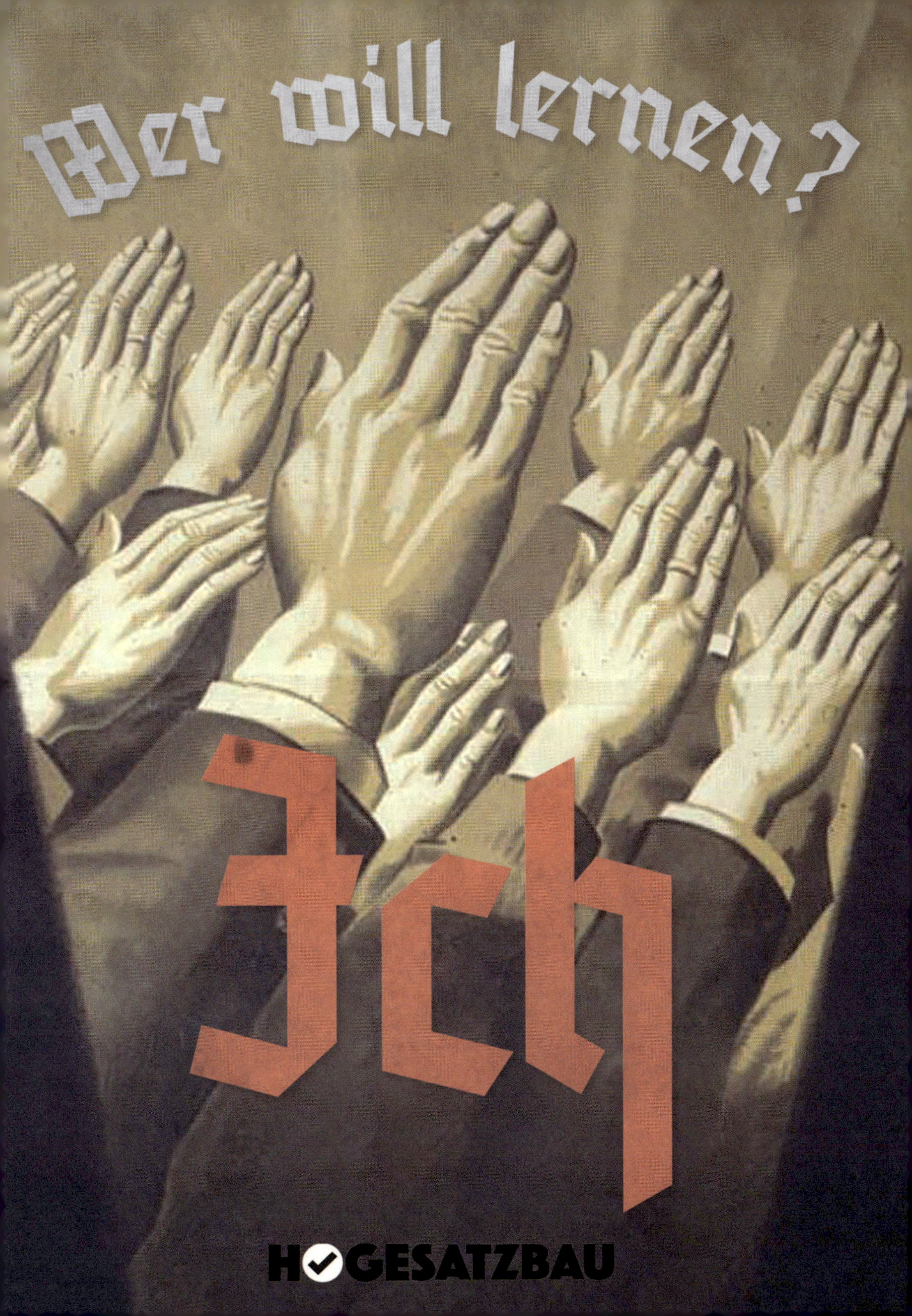
Wer will lernen?
Ich
HOGESATZBAU

O GOTT, WAS SOLL ICH MIT DIESEM BUCH?

Ein lieber Mitmensch hat dir dieses Buch geschenkt. Wie ist deine Reaktion? Kreuze oder hake die entsprechenden Antworten an.

Ich lassen mir von linksversifften Gutmenschen nicht sagen, was ich lesen soll!!!!!!!!!!!

Ausländer raus!

Ohje, ich kann gerade gar nicht denken

Ich brauche einen Plan.

Zum Glück hat es keiner gemerkt. Ich lasse dieses Schundwerk schnell und heimlich verschwinden.

Ich hap in die Schule aufgepast und weis wie man richtik schreipt.

Lächelrich!

Egal, warum du dieses Buch bekommen hast, wir sind uns sicher, dass du damit viel Freude haben wirst. Wir wünschen dir maximalen Spaß und Lernerfolg.

„ALS URVATER DES LINKEN KOMPONISTENPACKS MÖCHTE ICH EUCH, ALS UM UNSERE SCHÖNE DEUTSCHE SPRACHE BESORGTER MITBÜRGER, FOLGENDE SEITE*N ANS HERZ LEGEN UND DIES VERBUNDEN MIT DER BITTE, SIE HEFTIGST ZU MÖGEN."

* Ergänzung des Lektorats

Bela B. (Die Ärzte)

ZU SCHÖN...

Marcel
auf Facebook

Haha Antifa. ..wir kriegen euch ihr linkes Komponisten pack

Sorry meine komonisten

```
Haha Antifaschisten wir kriegen
euch ihr linkes Komponistenpack

Sorry ich meine Kommunisten
```

Ergänze um fehlende
Satzzeichen und markiere:

Subjekte
(Wer o. Was?)

Objekte
(Wessen, Wem o. Wen?)

Prädikate
(Was tut das Subjekt?)

ZUSATZAUFGABE

Nenne drei große deutsche
Komponisten nebst Werken.

Nenne einen deutschen
Kommunisten bei vollem Namen.

KOMPONISTEN ALLER LÄNDER,
VEREINIGT EUCH!

PATRIOTENVERSTEHER

So kreativ wie einige Mitmenschen bei der Schöpfung neuer Wörter sind, so kreativ sollst du diese hier entschlüsseln.

Schreibe die korrekten Wörter in die Tabelle und hake oder kreuze anschließend an, um welche Wortart es sich handelt.

SCHON GEWUSST?

Der Duden erweitert seit Jahrzehnten seinen Wortschatz und enthält mittlerweile 145.000 Stichwörter. Die Erstausgabe von 1880 enthielt 27.000 Wörter. Die Häufigkeit der Nutzung und das Vorkommen in verschiedenen Textarten sind unter anderem Kriterien für die Neuaufnahme von Wörtern.

WAS IST GEMEINT?

Beyspoolschleger

enkelerregend

Schornalist

Nivo

Kanage

humanvoll

Befölkerung

freie Glaubensmeinung

Bundesrepublick

Schemtrehl

eusern

Cindies und Romas

Kindergeldzuschlagen

Presentnaziohn

kofitüren

diskreminiert

Asiland

RICHTIG WÄRE:

	ADJ.	VERB	SUBST.
- -	◯	◯	◯
- -	◯	◯	◯
- -	◯	◯	◯
- -	◯	◯	◯
- -	◯	◯	◯
- -	◯	◯	◯
- -	◯	◯	◯
- -	◯	◯	◯
- -	◯	◯	◯
- -	◯	◯	◯
- -	◯	◯	◯
- -	◯	◯	◯
- -	◯	◯	◯
- -	◯	◯	◯
- -	◯	◯	◯
- -	◯	◯	◯
- -	◯	◯	◯

UNWÖRTER DES JAHRES

Kaum etwas zeigt so deutlich, wie die Aktion „Unwort des Jahres", wie sehr Rechtspopulismus den öffentlichen Diskurs und unsere Sprache beeinflusst.

Aufgabe 1: Schreibe die Unwörter der vergangenen Jahre sauber ab:

2014 Lügenpresse

_____

2015 Gutmensch

Gutmensch

2016 Volksverräter

_____

2017 Alternative Fakten

_____

SCHON GEWUSST?

Das „Unwort des Jahres" macht auf den öffentlichen Sprachgebrauch aufmerksam und fördert Sprachbewusstsein und -sensibilität. Wörter und Formulierungen der öffentlichen Kommunikation, die sachlich unangemessen sind oder gegen die Humanität verstoßen, werden so in den gesellschaftlichen Fokus gestellt: Dazu gehören Wörter und Formulierungen, die:
gegen das Prinzip der Menschenwürde oder der Demokratie verstoßen, gesellschaftliche Gruppen diskriminieren, euphemistisch, verschleiernd oder irreführend sind.
Voraussetzung: Sie müssen aktuell und öffentlich geäußert worden sein, wobei der Äußerungskontext bekannt sein muss.

DA GEHT NOCH EINIGES!

Aufgabe 2: Finde deine eigenen Unwörter der Jahre 2018, 2019, 2020 und das Unwort des Jahrzehnts.

2018

Meinungsdiktatur

_____

_____

_____

2019

_____

_____

_____

_____

2020

_____

_____

_____

Unwort des Jahrzehnts

_____

_____

_____

Seid oder Seit

seit:
- im Bezug auf die Zeit

seid:
- im Bezug auf den Zustand

SEIDT ICH PATRIOT BIN

_____ wir uns tagtäglich mit _____enlangen Kommentaren patriotischer Vaterlandsverteidiger beschäftigen, ist uns klar geworden, dass staatlicher _____s einiges getan werden muss bezüglich der deutschen Schulbildung. _____ jeher ist es so, dass _____, wenn es einen Zeitraum beschreibt, so geschrieben wird: _____ . Das kann man sich besonders gut merken, da auch die „Zeit" mit dem gleichen Buchstaben aufhört. Auch alles, was mit einer _____e zu tun hat, also links, rechts, mittig, Verwandtschaftsverhältnisse und so weiter, wird ebenso geschrieben. Wenn _____ jedoch vom Verb „sein" abstammt oder etwas mit der Stoffart _____e zu tun hat, dann wird es so geschrieben: _____.

Alles klar? Versuchen wir es gleich noch mal:

Ich verbreite keine Informationen, die ich vom dritten Schwippschwager väterlicher_____s der Nachbarin meiner Friseurin erhalten habe.

_____dem ich Mitglied im Antifa e.V. bin, kann ich mir sogar _____enanzüge leisten.

_____ kurzer Zeit möchte ich kein Patriot mehr sein, denn die _____enlangen Täuschungs- und Manipulationsversuche von Spaziergängern und rechtspopulistischen Parteien führen jeden patriotischen Gedanken ins Ab_____s. Ihr _____ doch alles nur verblendete Mitläufer, die im Dies_____s so wenig zu sagen haben wie in meiner Familie die vierte Stiefmutter großväterlicher_____s.

DASS ODER DAS?

Heidi
auf Facebook

Macht endlich die Gaskammern von früher wieder auf und steckt das pack darein das Deutschland wieder in Frieden leben kann Dreckspack raus hier Frau Merkel muss einfach weg

Österreichische Zukunftspartei
auf Facebook

Hallo ! Du hast recht wir wollen auch das ausländische Kinder erst dann in die Schule gehen dürfen wenn sie deutsch können ! Sie müssen eine Art Prüfung bestehen das sie weiter studieren können.

Tom
auf Facebook

Übrigens gabi hast du gesehen das der ein hackenkreuz tattoo hat :-) und du laberst was von rechten Rand.. ihr Grünen seit echt unnormale untermenschen.

Kann es sein, dass sich hier noch mehr Fehler eingeschlichen haben? Welche Fehler hast du sonst noch gefunden?

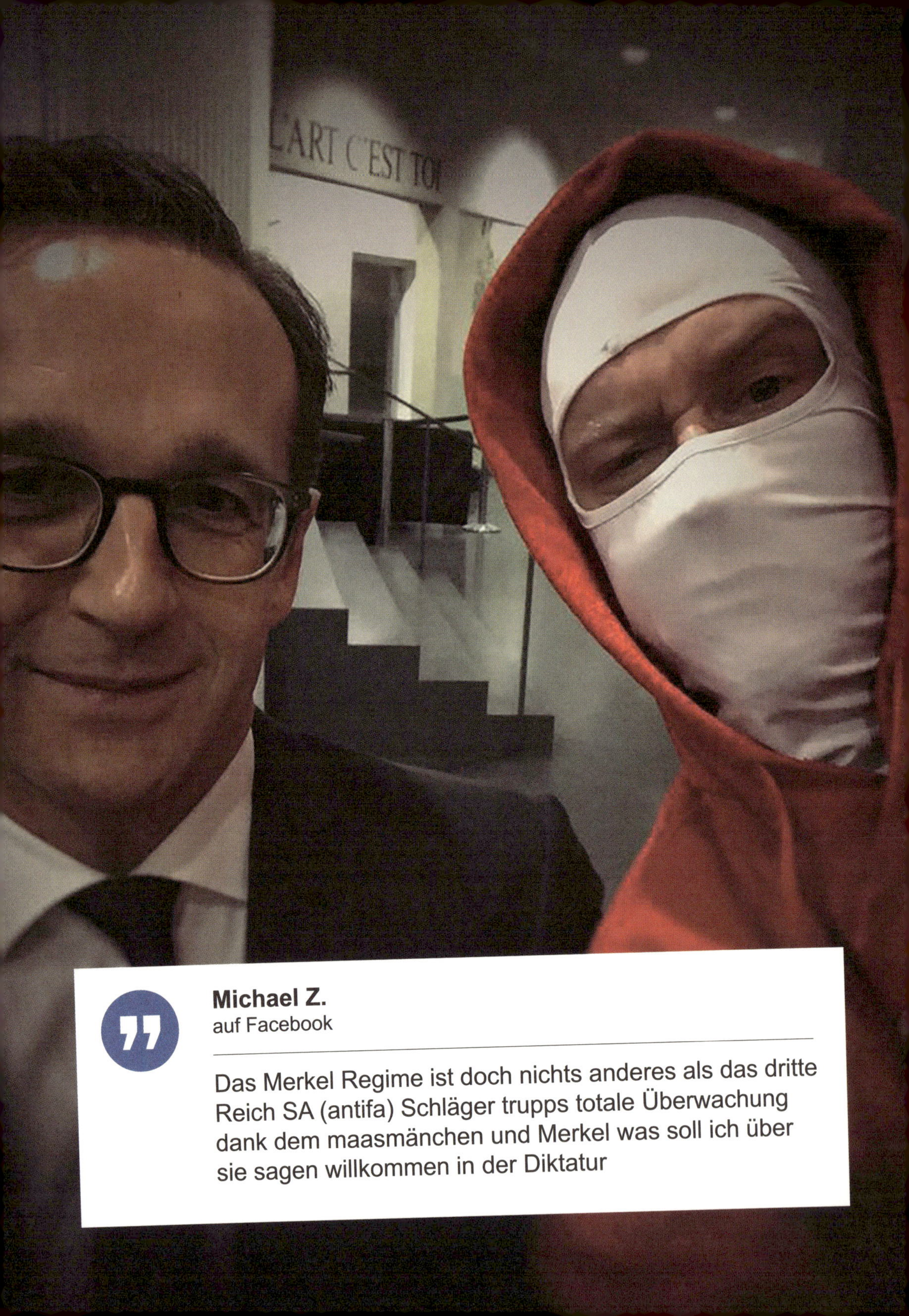

Michael Z.
auf Facebook

Das Merkel Regime ist doch nichts anderes als das dritte Reich SA (antifa) Schläger trupps totale Überwachung dank dem maasmänchen und Merkel was soll ich über sie sagen willkommen in der Diktatur

SCHREIBE EINE MAASTERARBEIT

und trage ein: maß, mars, mas, mass.

Wenn ___los-___kuline ___menschen,
der ___ochistischen ___regeleinheit für
von Zensur betroffene ___enmedien,
___enhaft ___nahmen treffen, um sich
selbst zu de___kieren, dann tragen sie
___geblich dazu bei, dass ___en an
___iv mitdenkenden Mitmenschen sich
___los mit der ein oder anderen ___ Bier
betrinken müssen, um deren an___enden
___enmissbrauch der deutschen Geschichte
und deren Verdrehung ertragen zu können.

SCHON GEWUSST?

Heiko Josef Maas ist ein deutscher Politiker der **SPD**. Von 2013 bis 2018 war er **Bundesminister der Justiz und für Verbraucherschutz** und seit dem 14.03.2018 ist er **Bundesminister des Auswärtigen** im Kabinett Merkel. In besondere Kritik geriet er für das im Juni 2017 verabschiedete **Netzwerkdurchsetzungsgesetz** zur Verbesserung der Rechtsdurchsetzung in sozialen Netzwerken.

GRUND[...][GESE]TZLICHES – ODER: WIE VIEL „ABER" DARF IN EINEM SATZ MIT „GRUNDGESETZ" STEHEN?

Frank-Christian Hansel
parlamentarischer Geschäftsführer der AfD-Fraktion im Bundestag

JA, die Würde des Menschen ist unantastbar!
Klar. Muss immer gemten.
ABER, Frau Merkel und CDU und CSU und SPD und
GroKo und Seehofer und Grünen nicht sagen!

https://twitter.com/FrankHansel/status/980338006690291713, 01.04.18

Nein, Frau Merkel!

Artikel 1 GG bedeutet nicht: „Alle Menschen sind Deutsche"

SCHON GEWUSST?

Das Grundgesetz ist die deutsche Verfassung. Es trat am 24. Mai 1949 in Kraft, legt die wesentlichen staatlichen System- und Werteentscheidungen fest und umfasst somit die rechtliche und politische Grundordnung der Bundesrepublik Deutschland. Dabei steht es über allen anderen deutschen Rechtsnormen.

AUFGABE

Hake oder kreuze an, wie lautet Artikel 1 des Grundgesetzes denn nun eigentlich genau?

- Die Hürde der Menschlichkeit ist für einige unbezwingbar. Sie zu achten und zu überwinden sollte Verpflichtung aller Staatsbürger sein.

- Die Würde des Menschen ist unantastbar. Sie zu achten und zu schützen ist Verpflichtung aller staatlichen Gewalt.

- Der Wert des Deutschen ist unantastbar. Ihn zu achten und zu schützen ist Verpflichtung aller patriotischen Gewalt.

- Alle Menschen sind Deutsche, fast überall.

Und was bedeutet er?

- Deutsche tragen einen höheren Wert als Menschen allgemein.

- Der Deutsche ist nur eine klitzekleine und vom Menschen selbst erfundene Kategorie innerhalb der Menschheit.

- Alle Menschen haben unabhängig von Merkmalen wie Herkunft, Geschlecht oder Religion denselben Wert, den es zu achten und zu schützen gilt.

- Egal wie dumm ich bin, als Deutscher bin ich immer besser als der Rest der Welt.

ARTIKEL 1: MENSCHENWÜRDE

(1) Die Würde des Menschen ist unantastbar. Sie zu achten und zu schützen ist Verpflichtung aller staatlichen Gewalt.

(2) Das Deutsche Volk bekennt sich darum zu unverletzlichen und unveräußerlichen Menschenrechten als Grundlage jeder menschlichen Gemeinschaft, des Friedens und der Gerechtigkeit in der Welt.

(3) Die nachfolgenden Grundrechte binden Gesetzgebung, vollziehende Gewalt und Rechtsprechung als unmittelbar geltendes Recht.

SCHON GEWUSST?

Das deutsche Grundgesetz, und besonders Artikel 1, ist eine Reaktion auf die katastrophalen und menschenverachtenden Ereignisse des Zweiten Weltkriegs und die Zeit der nationalsozialistischen Herrschaft.

ARTIKEL 5: MEINUNGSFREIHEIT

(1) Jeder hat das Recht, seine Meinung in Wort, Schrift und Bild frei zu äußern und zu verbreiten und sich aus allgemein zugänglichen Quellen ungehindert zu unterrichten. Die Pressefreiheit und die Freiheit der Berichterstattung durch Rundfunk und Film werden gewährleistet. Eine Zensur findet nicht statt.

(2) Diese Rechte finden ihre Schranken in den Vorschriften der allgemeinen Gesetze, den gesetzlichen Bestimmungen zum Schutze der Jugend und in dem Recht der persönlichen Ehre.
[...]

(3) Kunst und Wissenschaft, Forschung und Lehre sind frei. Die Freiheit der Lehre entbindet nicht von der Treue zur Verfassung.

Bereits in der Paulskirchenverfassung von 1849 sollten Meinungs- und Pressefreiheit geschützt werden. Aber wie kam es eigentlich zu dieser Verfassung? Finde es heraus.

§130 STGB: VOLKSVERHETZUNG – GRENZENLOSE MEINUNGSFREIHEIT?

(1) 1.Wer wegen der Zugehörigkeit zu einer nationalen, rassischen, religiösen oder durch ihre ethnische Herkunft bestimmten Gruppe/Personen zum Hass aufstachelt, zu Gewalt- oder Willkürmaßnahmen auffordert oder

2.**die Menschenwürde** anderer dadurch **angreift**, dass er andere aufgrund ihrer Zugehörigkeit beschimpft, böswillig verächtlich macht oder verleumdet, wird mit Freiheitsstrafe von drei Monaten bis zu fünf Jahren bestraft.

(2) Mit Freiheitsstrafe bis zu drei Jahren oder mit Geldstrafe wird bestraft, wer

1. eine **Schrift verbreitet**, der Öffentlichkeit oder einer Person unter achtzehn Jahren zugänglich macht, die

a) **zum Hass** gegen eine Person/Gruppe, wegen ihrer Zugehörigkeit zu eben jener Gruppe **aufstachelt**,

b) **zu Gewalt- oder Willkürmaßnahmen** gegen diese Personen/Gruppe **auffordert** oder

c) **die Menschenwürde** dadurch **angreift**, dass diese beschimpft, **böswillig verächtlich** gemacht oder **verleumdet** werden,

2. einen **Inhalt dieser Art multimedial** einer Person unter achtzehn Jahren oder der Öffentlichkeit **zugänglich macht** oder

3. eine Schrift mit o.g. Inhalten **herstellt, bezieht, liefert, vorrätig hält, anbietet, bewirbt oder ein- oder ausführt**, um sie oder aus ihr gewonnene Stücke zu verwenden oder einer anderen Person eine solche Verwendung zu ermöglichen.

(3) Mit Freiheitsstrafe bis zu fünf Jahren oder mit Geldstrafe wird bestraft, wer eine **unter der Herrschaft des Nationalsozialismus begangene Handlung** (vgl. § 6 Abs. 1 VStGB) öffentlich **billigt, leugnet oder verharmlost**.

(4) Mit Freiheitsstrafe bis zu drei Jahren oder mit Geldstrafe wird bestraft, wer den **öffentlichen Frieden** in einer die Würde der Opfer verletzenden Weise dadurch **stört**, dass er **die nationalsozialistische Gewalt- und Willkürherrschaft billigt, verherrlicht oder rechtfertigt**.

Willkommen im konversationslager

Finde heraus, wo und warum die Meinungsfreiheit ihre Grenzen hat.

SCHON GEWUSST?

Im Reichsstrafgesetzbuch von 1871, ursprünglich zum Schutz vor „Aufreizung zum Klassenkampf" gedacht, wurde §130 im Jahr 1960 erstmals, sowie in den Jahren 1994 und 2005 nochmals, erweitert. Er wird „liebevoll" auch „Maulkorbparagraf" genannt. Von wem nur?

GRUND[....][GESE]TZLICHES – DÜRFEN WIR ALLES SAGEN, WAS WIR WOLLEN?

Nick auf Facebook

wenn euch das bild stört denn hättet ihr ja bestimmt nix dagegen eine familie bei euch wohnen zu lassen oder ?? also bleibt mal locker :-) jeder kann seine Meinung äußern.

Liebe Flüchtlinge! Sie sind am Ziel. Da hinten gibt es Hartz 4.

Chris auf Facebook

Es lebe die nationalsozialistische bewegung !!!!

Tobi auf Facebook

Ihr habt keine Ahnung...HEIL HITLER GOTT MIT UNS

Was siehst du hier? Was ist hier geschehen?

Foto: Facebook-Fund

DAS WIRD MAN JA WOHL NOCH SAGEN DÜRFEN...
ODER ETWA DOCH NICHT?

Finde die Volksverhetzung und hake oder kreuze an.
Du darfst auch gern den Rotstift ansetzen. Hast du im Buch noch
weitere Volksverhetzungen gefunden?

Florian
auf Facebook

Yudid Fakt ist das du eine huren Tochter bist
und durch den Ofen gejagt gehörst.

Heiko
auf Facebook

so , für heute verabschiede ich mich
und hoffe das ich morgen dann nicht
wieder so viel kommumüll lesen
muss . Mit deutschem Gruße , Euer
Kammerad Heiko

Ronny
auf Facebook

Schmeißt die schwartzen kackpratzen
wieder ins Meer zurück, und ruhe ist.

Peter
auf Facebook

Man sollte da nicht anhalten,sondern Gas geben
oder nur anhalten, wenn man gut bewaffnet ist und
alle erschießen !

Scott
auf Facebook

Leute, wieder nur Einzelfälle Habt Mitleid mit denen armen, traumatisierten, hilfebedürftigen sehen zum ersten mal Frauen in ihrem Leben die nicht vollverschleiert sind. Liebesleben kennen sie nur von Ziegen und Eseln. Also, wenn ihr sowas seht, aufs Maul schlagen !!

Maik
auf Facebook

Bin ich bekloppt bin stolzer Deutscher,! Nicht wie diese veräter Familie. Am Schluss soll ich mir mit so nem syrischen Stück dreck es Zimmer teilen oder was.nein danke hab meine eigne kleine Hütte in nem Garten da bleib ich!!! Lass mich so scheisse es mir geht nicht vom hooton Plan unter griegen sig heil

Michael
auf Facebook

Ab in unter die elflöchrige Dusche :-)

Kerstin
auf Facebook

Kann nur ein Kanäle schreiben. Mischkultur im Koerper ist auch für die Kinder nicht gut.Deutsch soll Deutsch bleiben.Kanäle soll

Originalfoto: Lichtdom, Reichsparteitag 1936, https://de.wikipedia.org/wiki/Reichsparteitag

SÄCHSISCHES KUNSTHANDWERK 3.0

Ein Mann aus dem Erzgebirge hielt bei einer PEGIDA-Kundgebung am 12. Oktober 2015 in Dresden einen hölzernen Galgen für Bundeskanzlerin Angela Merkel und ihren damaligen Wirtschaftsminister Sigmar Gabriel in die Höhe. Völlig legal. Die Dresdner Staatsanwaltschaft hat ihre Ermittlungen gegen diesen Mann eingestellt.

Auch dass dieser Mann nun Miniatur-Galgen in den Räumen des Vereins „Heimattreu"– für 15 Euro zum Verkauf anbietet, ist kein Problem.

Die Staatsanwaltschaft Chemnitz hat die Ermittlungen eingestellt, da die Mini-Galgen als Kunst anzusehen seien.

Screenshot: www.welt.de/politik/deutschland/article171317719/Nachbau-des-Merkel-Galgens-darf-weiter-verkauft-werden.html

Male dir dein eigenes
sächsisches Kunsthandwerk.
Für wen ist es reserviert?

ZUKUNFT

NUR MIT BILDUNG

HOGESATZBAU

ICH GLAUBE, DASS ICH MEINE, DASS ICH WEISS...

Ich glaube, dass es einen Gott gibt.

Ich meine, dass es der beste Gott ist.

Ich weiß, dass das nicht stimmt.

Freie Glaubensmeinung!!!

Wenn ich GLAUBE, dass meine MEINUNG dem WISSEN einer ganzen Nation als Basis dient und diese stets unwidersprochen und -gestraft bleiben muss, dann liege ich unter Umständen gewaltig falsch.

SCHON GEWUSST?

„Meinung" ist neben „Wissen" und „Glauben" eine Form des „Fürwahrhaltens". Während das Wissen auf objektiven Fakten basiert und der Glauben Annahmen beinhaltet, welche zumindest subjektiv als Wahrheit empfunden werden, umschreibt die Meinung eher eine persönliche Einstellung oder Sicht auf Dinge, welche weder subjektiv noch objektiv begründet sein müssen.

DIE NWO-CHEMTRAILSEITEN

Chemtrails Deutschland
7. November 2017 um 10:30 auf Facebook

Es gibt Chemtrails bzw. Geoengineering, die Debatte
die wir hier führen, ob Wahr oder Lüge ist sowas von
nervenzermürbend! Ab jetzt folgt die Zensur! Ich werde
jeden Troll ab jetzt Sperren! Es wäre viel produktiver,
wenn wir hier über die Ausleistung der Giftstoffe sprechen
würden, statt mit Erbsenbirnen zu diskutieren.

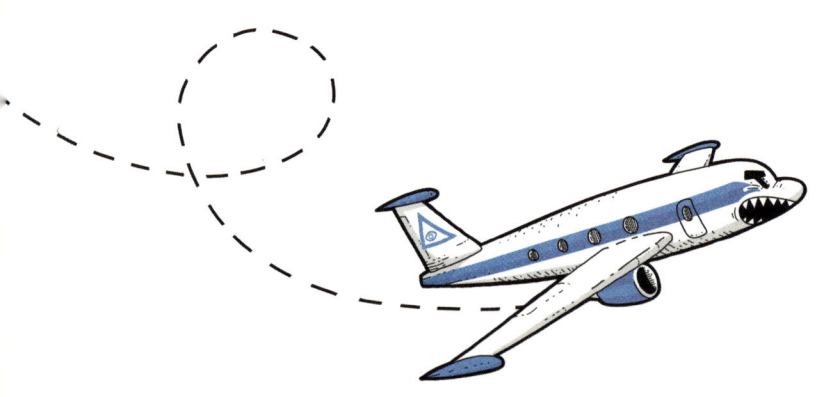

SCHON GEWUSST?

Chemtrails sind von der Regierung oder den Illuminaten mit Chemie angereicherte Kondensstreifen von Flugzeugen, welche angeblich das Wetter und die Bevölkerung kontrollieren können und für militärische Zwecke oder zur Bevölkerungsreduktion verwendet werden.
Die Verschwörungstheorie besagt, dass Chemtrails sich im Unterschied zu herkömmlichen Kondensstreifen nicht schnell auflösen, sondern lange und großflächig am Himmel stehen bleiben.

Male auf diesen Seiten deine eigenen Chemtrails und entscheide, womit du die Gesellschaft manipulieren willst.

Welche Giftstoffe hast du versprüht?

◯ -----------------------------------

◯ -----------------------------------

◯ -----------------------------------

◯ -----------------------------------

◯ -----------------------------------

„JEDE PROPAGANDA HAT VOLKSTÜMLICH ZU SEIN UND IHR GEISTIGES NIVEAU EINZUSTELLEN AUF DIE AUFNAHMEFÄHIGKEIT DER BESCHRÄNKTESTEN UNTER DENEN, AN DIE SIE SICH ZU RICHTEN GEDENKT." Adolf Hitler, „Mein Kampf"

„Mein Kampf" definiert diese fünf Grundsätze nationalsozialistischer Propaganda:

- Gute Propaganda sollte sich auf möglichst wenige Themen und Schlagworte beschränken.
- Sie sollte nur einen geringen geistigen Anspruch haben.
- Sie sollte emotional sein und auf die Gefühle und Empfindungen der Massen abzielen.
- Differenzierungen sollten vermieden werden.
- Die Glaubenssätze, die vermittelt werden sollen, müssen fortwährend wiederholt werden.

li: AfD-Wahlplakat zur Bundestagswahl 2017
re: Social-Media-Beitrag u.a. geteilt von H.-C. Strache

ABER, WER WIRBT DENN HEUTE NOCH MIT SO WAS?

Antrag

Landesparteitag in Bingen 10./11.12.17   *14. 11. 17*   *~ 16. No*

künftig alle Wählerinformationen mit Bild-Unterstützung zu verbreiten .

„ein Bild ist mehr als tausend Worte"

unsere Botschaften sollten mit 20% an Text und 80% an Bild veröffentlicht werden.

Unser Wähler hat etwa das Hirn eines 14-Jährigen. Konsequenz: wir schaffen leicht

zu verstehende Bildergeschichten über Windmühlen, Volksabstimmungen usw. .

Hier z.B. das Anlocken von Flüchtlingen und unsere armen Rentner :

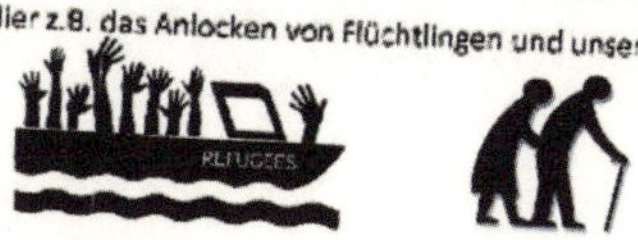

Auszug aus dem Antragsbuch des 9. Landesparteitages der AfD Rheinland-Pfalz, Harved Wöhrmann

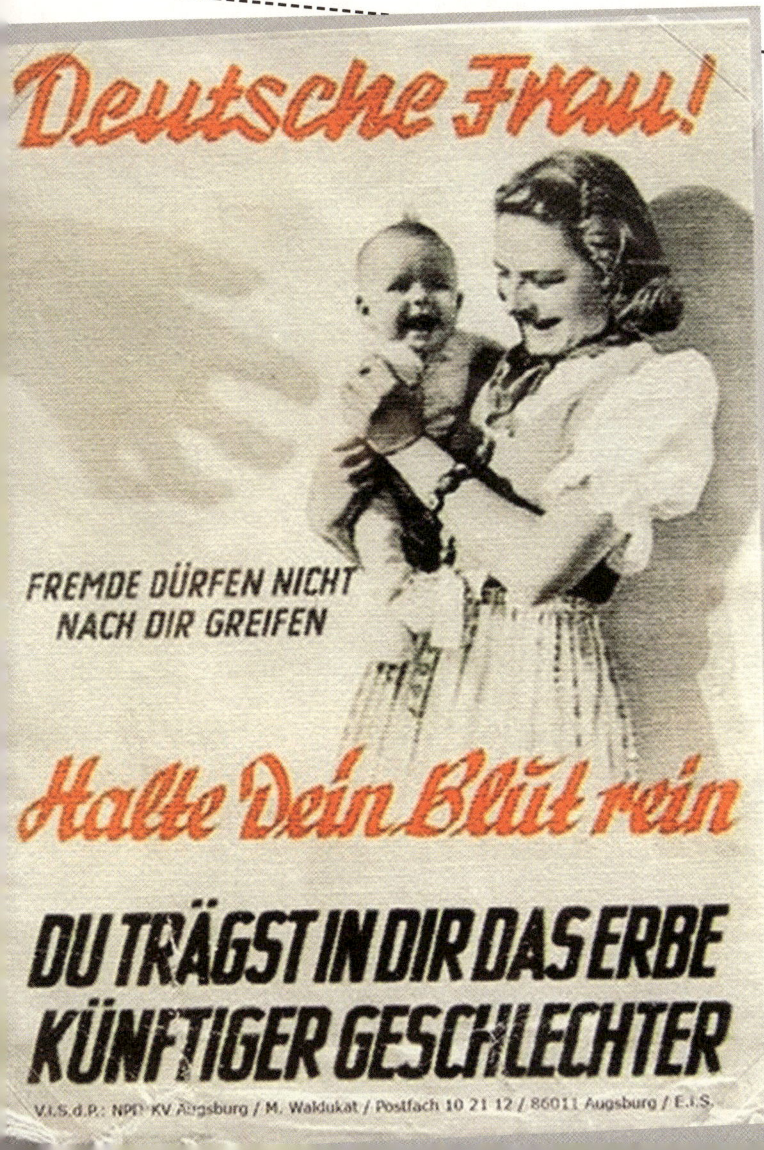

Deutsche Frau!

FREMDE DÜRFEN NICHT NACH DIR GREIFEN

Halte Dein Blut rein

DU TRÄGST IN DIR DAS ERBE KÜNFTIGER GESCHLECHTER

V.i.S.d.P.: NPD KV Augsburg / M. Waldukat / Postfach 10 21 12 / 86011 Augsburg / E.i.S.

Ursprüngliche Nazipropaganda von 1944, Ende 2015 von einem führenden NPD-Funktionär auf seiner Facebook-Seite verbreitet, und Bestandteil im Verbotsverfahren der NPD zur Feststellung einer Wesensverwandtschaft mit den Gedanken des historischen Nationalsozialismus.

2016 als Aufkleber von der NPD Augsburg verteilt

Am 6. Januar 2017 geteilt von der AfD-Politikerin Franziska Lorenz-Hoffmann auf ihrer Facebook-Seite.

Division Storch

DS

GERMAN ANGST

Eine der wichtigsten Strategien der Rechtspopulisten ist das Produzieren und Befeuern von Ängsten, um Menschen zu mobilisieren und leichter steuern zu können.

Angst ist ein Gefühl der Sorge in bedrohlich empfundenen Situationen. Auslöser können dabei erwartete Bedrohungen sein, wie etwa vor Verletzungen. Angst schützt den Menschen, warnt vor Risiken und kann die Aufmerksamkeit schärfen, da sie für Gefahren sensibilisiert.

Angst kann jedoch auch das rationale Denken blockieren. Übersteigerte, krankhafte Angst wird als Angststörung bezeichnet.

HILFE, EIN BUS VOLLER BURKAS!!!

Aneta
auf Facebook

Ich hätte in denn Bus garnicht eingestiegen ...sorry ..Aber das geht überhaupt nicht ..Da kriegt man echt Angst..

Stefan: Die welche sich Aufregen sind das Rechte oder Besorgte Bürger welche zu recht um ihre Sicherheit fürchten weil nicht zu erkennen ist ob diese Personen bewaffnet sind oder Sprengstoff Gürtel Tragen ? Aufgrund Merkels Politik muss heute mit allem Gerechnet werden !

Sabrina: Wie mit leeren Bussitzen?

Stefan: In Israel sind schon einige Busse Explodiert !

Jan: Hast du denn wirklich Angst vor den Sitzen?

Stefan: Wir können ja noch mal darüber reden wenn bei uns die ersten Busse Explodiert sind , nur eine Frage der Zeit , wartet nur mal ab.

Foto: Der Journalist Johan Slättavik postete das Foto der leeren Bussitze in die Facebook-Gruppe „Fedrelandet viktigst", zu Deutsch in etwa: „Vaterland zuerst"

Male aus.

HIPPOPOTO...
SQUIPPEDA...
UROPHOBIE
ARACHIBUTYROPHOBIE
Arachibutyrophobie
XENOGLOSSOPHONEX
AGRAPHOBIE
GALNOPHOBIE
CHIRAPTOPHOBIE
SCHOLIONOPHOBIE
Phobophobie
SYMBOLOPHOBIE
DECIDOPHOBIE

WOVOR HAST DU ANGST?

DEINE FILTERBLASE, DEINE WELT

Die Filterblase, deine kleine Wattewelt im Internet, beschützt dich vor der schädlichen Wahrheit, bewahrt dich vor Fakten und bestätigt dich in allem, was du denkst, sagst und tust.

Schnell, male in deine Filterblase, was du brauchst, und lass draußen, was du nicht wissen willst.

SCHON GEWUSST?

Eine Filterblase ist eine eigens für dich geschaffene Umgebung, die Inhalte, z.B. Webseiten, nur für dich durch Algorithmen generiert. Diese basieren auf Informationen, die du durch dein Nutzerverhalten preisgibst, und sorgen dafür, dass du von anderen Inhalten und Meinungen isoliert wirst.

WOLLT IHR DEN „VOLLSTÄNDIGEN SIEG"?

„Wenn wir den Mechanismus und die Motive des Gruppendenkens verstehen, wird es möglich sein, die Massen, ohne deren Wissen, nach unserem Willen zu kontrollieren und zu steuern." E. Bernays

Nicht nur die NS-Propaganda bediente sich an Edward Bernays´ – ein Neffe Sigmund Freuds – Lehren zur Meinungsbeeinflussung, in welchen er den Ablauf zwischen unbewusster Aufnahme gezielt gesetzter Reize bis hin zu deren Wirkung aufzeigt und unter anderem den Zusammenhang von Emotion und Manipulation oder auch von Gruppenidentitäten und gezielt steuerbaren Bedürfnissen verdeutlicht.

AUCH BJÖRN HÖCKE BEWIES AUF DER VERSAMMLUNG DER JUNGEN ALTERNATIVE FÜR DEUTSCHLAND IN DRESDEN AM 17.01.17 ECHTE FÜHRERQUALITÄTEN.

Das Kollektiv hochloben und sich damit Gehör verschaffen:

Höcke beginnt seine Rede damit, zu betonen, wie überaus toll und besonders seine Zuhörer sind, bezeichnet „Dresden als [eigentliche] deutsche Hauptstadt" und outet sich selbst als *„gebürtigen Wessi, der froh ist, jetzt auf der richtigen Seite zu stehen"*. Er betont, einer von ihnen geworden zu sein, vom „Wessi" zum „Ossi", bewundernd, dass diese Menschen schon immer alles richtig gemacht haben.

Geschichte verdrehen, neue „Wahrheiten" schaffen:

Höcke spricht von der Bombardierung von Dresden als einem Kriegsverbrechen, vergleichbar mit den Atombombenabwürfen auf Hiroshima, und beschreibt lustvoll den nur knapp abgewendeten Untergang des deutschen Volkes.

„Mit der Bombardierung wollte man nichts anderes, als uns unsere kollektive Identität rauben. Man wollte uns vernichten, man wollte unsere Wurzeln roden. Zusammen mit der 1945 begonnenen Umerziehung hätte man es auch fast geschafft."

**Um dann in Höchstform aufzulaufen und
in die Gegenwart überzusetzen:**

*„Unser Volk ist das einzige Volk der Welt, das sich ein Denkmal der
Schande in das Herz der Hauptstadt ins Land setzt. Damit wird die
deutsche Geschichte mies und lächerlich gemacht." „… Diese dämliche
Bewältigungspolitik lähmt uns heute noch viel mehr, wir brauchen eine
erinnerungspolitische Wende um 180 Grad."*

Screenshot: www.youtube.com/watch?v=WWy4cYRFis

**Eine kollektive Gruppenidentität mit einer deutlich wertenden Grenze
zum Gegner schaffen:**

„Stolze", „aufrechte", „vornehme und vorbildliche Patrioten", ja, das seid ihr,
mit einer „reinen, ehrlichen und tiefen Vaterlandsliebe". Ihr „tragt dasselbe
Leid in den Knochen", aber werdet standhaft bleiben. Denn ihr „führt einen
gerechten Kampf". Ihr, die „neuen Preußen", werdet unsere „einst schöne
Heimat schützen". Schützen gegen die anderen, die „erbärmlichen Gegner".
Denn die Angriffe der politischen Gegner sind „gewalttätig, hinterhältig und
skrupellos". Wilde Horden „kreischender, verhetzender, induzierter, irrer
jugendlicher Wirrköpfe" tätigen „unflätige Provokationen". Das führende
„Regime" ist „unfähig und unwillig" und verstrickt sich in „floskelhafte
Phraseologie".

WOLLT IHR DEN „VOLLSTÄNDIGEN SIEG"?

Alle werden zum Gegner, alle, die nicht für die Gruppe sind, sind gegen sie. „Amtskirchen, Gewerkschaften, Altparteien" sind die, die „an der perversen Politik auch noch prächtig verdienen" und unser „liebes deutsches Vaterland wie ein Stück Seife unter einem lauwarmen Wasserstrahl auflösen".

Eine Bedrohung schaffen und Ängste schüren/bedienen:
Höcke schafft ein Szenario des Untergangs, Sodom und Gomorrha werden über uns kommen. „Unsere einst geachtete Armee ist zu einem Instrument der Landesverteidigung, zu einer durchgegenderten, multikulturalisierten Eingreiftruppe verkommen. Unsere einst hochgeschätzte Kultur droht in einer multikulturellen Beliebigkeit unterzugehen, der Staat befindet sich in Auflösung." Er spricht vom Untergang, der gewollten Abschaffung unseres Staates, „Import fremder Völkerschaften", „Masseneinwanderung", den „Städten als Brutstätte von Brutalität und Gewalt".

Ziele und Lösungen anbieten:
Zum Schluss seiner Rede bietet Höcke einen
Ausweg aus diesen grauen Zeiten. Es gibt nur eines,
was uns retten kann.

„Dieses Land braucht einen vollständigen Sieg der AfD", denn
„die Alternative für Deutschland AfD ist die letzte revolutionäre und
friedliche Chance für unser Vaterland".

SCHON GEWUSST?

Der Deutsche Gruß, auch Hitlergruß genannt, war in der Zeit des Nationalsozialismus offizieller Gruß aller „Volksgenossen" und Ausdruck der Zugehörigkeit zu Adolf Hitler. Beim Hitlergruß wird der rechte Arm mit ausgestreckter Hand schräg nach oben gestreckt, meist begleitet vom Ausruf „Heil Hitler" oder „Sieg Heil".

WER HAT'S GESAGT?

Hake oder kreuze an, von wem die Zitate stammen. Du darfst auch mit dem Lesezeichen darauf zeigen.

HITLER

HÖCKE

„Die Welt der Frau ist, wenn sie glücklich ist, die Familie, ihr Mann, ihre Kinder, ihr Heim."

„Ich will, dass Deutschland nicht nur eine tausendjährige Vergangenheit hat. Ich will, dass Deutschland auch eine tausendjährige Zukunft hat."

„Die Rettung der Nation muss man da beginnen, wo der Verfall seinen Anfang nahm. Erst muss man wieder gesinnungsgemäß ein Volk aufbauen, mit dem man dann politisch operieren kann."

„Wir werden uns Deutschland Stück für Stück zurückholen."

„Die Folgen dieser deutschen Rassenpolitik werden entscheidender sein für die Zukunft unseres Volkes als die Auswirkungen aller anderen Gesetze."

Bilder 1: Adolf Hitler zeigt den „Deutschen Gruß"

Bilder 2: Bernd Höcke nicht!

ARM AB

Aber Vorsicht!
Der Hitlergruß ist in Deutschland nach §86a und §130 des Strafgesetzbuches verboten.

S	O	E	I	N	F	A	C	H	I	S	T	E	S	N	I	C	H	T
I	N	T	E	R	Ü	I	E	A	S	E	D	I	E	Ä	R	Z	T	E
R	O	N	J	A	H	R	M	A	R	K	T	R	I	P	P	H	A	G
A	N	T	I	L	O	P	E	N	G	A	N	G	L	F	R	A	G	E
K	A	H	I	T	L	E	R	U	N	T	E	R	M	E	N	S	C	H
D	R	E	I	F	R	A	G	L	Ü	G	E	N	P	R	E	S	S	E
F	I	I	P	E	N	I	S	F	S	G	B	U	N	D	R	I	N	G
M	S	L	A	C	H	S	S	Ü	S	L	I	M	E	T	T	E	O	E
I	I	Ö	S	E	I	L	E	H	L	E	C	K	E	R	A	T	T	M
S	E	R	A	P	H	I	N	R	E	I	T	E	R	P	E	S	T	O
C	R	A	C	K	E	R	Ü	E	D	C	C	O	M	I	C	S	O	N
H	U	S	T	E	N	O	R	R	Ä	H	O	L	U	N	D	E	R	I
E	N	S	I	E	G	E	R	U	M	S	I	E	D	L	U	N	G	A
H	G	E	B	U	R	T	E	N	S	C	H	L	A	C	H	T	Z	U
E	I	S	O	N	D	E	R	B	E	H	A	N	D	L	U	N	G	S
H	Ö	C	K	E	R	E	I	V	L	A	U	F	E	N	Ö	S	N	M
B	E	A	T	R	I	X	P	E	E	L	I	N	G	N	O	C	A	E
V	O	N	M	E	M	E	L	R	K	T	Ü	R	L	I	C	H	D	R
S	S	T	O	R	C	H	Ä	G	T	U	R	N	E	R	H	U	E	Z
O	D	E	R	I	N	N	P	A	I	N	T	B	A	L	L	T	N	E
N	G	A	U	L	A	N	D	S	O	G	O	L	L	U	M	Z	T	N
S	A	E	N	D	L	Ö	S	U	N	G	A	R	N	I	E	H	O	T
D	U	M	V	O	L	K	U	N	G	S	A	F	T	L	A	A	D	R
H	H	E	N	D	S	I	E	G	E	R	M	A	N	Y	C	F	E	U
I	O	N	U	O	U	E	D	A	R	U	M	H	A	H	U	T	S	M
A	D	R	Ö	L	W	S	E	R	S	S	I	N	N	A	L	U	S	T
F	E	R	D	B	R	E	N	N	T	S	E	E	A	S	P	I	E	L
E	N	D	E	A	U	L	I	T	E	E	I	L	E	S	A	L	A	T

FINDE ALLE AUFRECHTEN ALLTAGSBEGRIFFE MIT EINER STOLZEN TRADITION.

Sonderbehandlung (=Mord. Mit verschiedenen „Sonder"-Begriffen verschleierte, beschönigte und verharmloste das nationalsozialistische Regime seine Taten)

Mädel (Bezeichnung für junge Frauen unter den Nazis („Bund deutscher Mädel"). Das Wort wurde derart inflationär von den Nazis verwendet, dass es 1957 in das „Wörterbuch des Unmenschen" aufgenommen wurde)

Mischehe (Begriff wurde durch die Nazis geprägt. Ehe zwischen zwei Personen mit unterschiedlichem rassischem Hintergrund)

Endlösung (Begriff, den die Nazis verwendeten, um ihren Völkermord an den Juden zu verharmlosen)

Ausmerzen (Begriffe aus der Biologie benutzten die Nazis sehr gerne. So sollten „Parasiten" und „Schädlinge" „ausgemerzt" und „ausgerottet" werden)

Selektion (Begriff aus der Evolutionstheorie. Die Nazis übernehmen den Begriff der natürlichen Auslese, um in den KZs arbeitsfähige und nicht (mehr) arbeitsfähige Häftlinge zu „selektieren")

Führer (Einer der zentralsten Nazi-Begriffe. Alle folgten dem selbst ernannten „Führer")

Untermensch (Begriff der Nazis, der Menschen beschreibt, die nicht als Arier galten)

Geburtenschlacht (Männer gingen an die Front, Frauen an die „Gebärfront", um dort ihre Geburtenschlacht fürs Vaterland zu führen)

Gleichschaltung (Von den Nazis angestrebte komplette Anpassung des Staates an die NSDAP. Nazis liebten Wörter aus der Elektrotechnik, das klang so fortschrittlich)

Lügenpresse (Begriff, der seine Hochzeit im Nationalsozialismus fand und heute neu erblüht)

Endsieg (Absolutes Ziel und Beschwörungsformel der Nazis, schließlich waren die „Arier" allen anderen überlegen und würden alle Alliierten besiegen, wenn sie nur dem Führer folgten)

Rasse (Biologischer Begriff, der von den Nazis aus der Tierwelt auf den Menschen übertragen wurde, der Hierarchisierung diente und höchst umstritten ist)

Arisierung („Endjudung" der Gesellschaft)

Umsiedlung / Umvolkung ((Re-)Germanisierung der eroberten europäischen Gebiete. Heute Begriff der Aufrechtdeutschen, um ihre Überfremdungsängste auszudrücken)

Schutzhaft (hatte mit Schutz nicht viel zu tun, vielmehr wurden Gegner des Regimes ohne Prozess und zeitlich unbegrenzt in Haft gesteckt)

Gnadentod (Ermordung von behinderten Menschen und somit deren „Erlösung")

Vergasung (Damals noch eine „effiziente" Methode, um viele Menschen auf einmal zu ermorden, heute ein „nettes" Sprichwort, wenn man etwas „bis zur Vergasung tut")

Denke über die Begriffe und das Ergebnis nach.

VON SYSTEMMEDIEN UND LÜGENPRESSE

Die Organisation „Reporter ohne Grenzen" bewertet jährlich in einer Rangliste die weltweite Lage der Presse- und Informationsfreiheit in 180 Ländern, mit dem Ziel, den Grad der Freiheit wiederzugeben, die Journalisten in den einzelnen Ländern erleben.

Nicht nur restriktive Gesetze, rücksichtsloses Vorgehen von Regierungen und politische Einflussnahme in Demokratien haben zu einer Verschlechterung der Lage für Journalisten weltweit beigetragen, sondern auch zum Beispiel eine medienfeindliche Rhetorik führender Politiker.

AUFGABE

Verbinde die Listenplätze 2017 mit ihren Ländern:

1.   Kanada

6.   Türkei

15.   USA

18.   Tunesien

40.   Russland

45.   Jamaika

58.   Norwegen

97.   Polen

148.   Deutschland

157.   Großbritannien

Quelle: www.reporter-ohne-grenzen.de/fileadmin/Redaktion/Presse/Downloads/Ranglisten/
Rangliste_2018/Rangliste_der_Pressefreiheit_2018_-_Reporter_ohne_Grenzen.pdf

SCHON GEWUSST?

Trotz sich häufenden tätlichen Angriffen, Drohungen und Einschüchterungsversuchen gegenüber Journalisten, hält sich Deutschland weiterhin auf dem gleichen Platz wie im Vorjahr.

UNGLAUBLICH! KRASS! WAHNSINN! VERRÜCKT!

BILD
MANIPULATION

NEIN, DOCH, OOH!

SKANDAL

SEI EIN ECHTER SCHMIERFINK & MACH ALLEN ANGST.

SCHON GEWUSST?

Die erste Ausgabe der „Bild"-Zeitung erschien am 24. Juni 1952. Seit 1986 erhielt die Zeitung 109 Rügen durch den Deutschen Presserat.

FINDE DIE 10 FEHLER

Foto: Gewalttätige Demonstrationen in Griechenland, von Milos Bicanski/guardian.co.uk

Foto: Gewaltige Bildmanipulation von HoGeSatzbau

Das linke obere Bild zeigt **gewalttätige Ausschreitungen** bei einer Demonstration in Griechenland im Jahr 2009. Darunter haben wir uns erlaubt, **10 Fehler** einzubauen, die du nun **finden** sollst.
Du erkennst doch kleine Bildmanipulationen sofort, oder?
Besonders dann, wenn man dir das **Original** zeigt.

DU HAST 11 FEHLER GEZÄHLT?

Das könnte daran liegen, dass die AfD Landkreis Stade im Wahlkampf 2017 das Bild bereits manipuliert verwendet hat, um für mehr Sicherheit und Mittel im Kampf gegen Linksterrorismus zu werben.

Ganz schön was los im Landkreis Stade. Da bekommt man es ja mit der Angst zu tun.

Broschüre: http://www.afd-landkreis-stade.de

FINDE DIE 10 FEHLER

Werbeaufnahme der Firma 3M

Foto: Wer bescheißt hier wen?

Mit 18 freut sich Lili noch mehr, dass ihre Eltern AfD gewählt haben.

SCHON GEWUSST?

Die heute gängige, digitale Fotomontage hat eine lange Geschichte. Was einmal als Kunst begann, wird heute zunehmend manipulativ und kaum mehr zu erkennen, z.B. in der (politischen) Werbung, eingesetzt.

Das linke obere Bild zeigt **Werbeaufnahmen der Firma 3M,** die mit Geld in einem Werbefenster für ihr Panzerglas warb. Darunter haben wir uns erlaubt, **10 Fehler** einzubauen, die du nun **finden** sollst. Du erkennst doch kleine Bildmanipulationen sofort, oder? Besonders dann, wenn man dir das **Original** zeigt.

DU HAST 11 FEHLER GEZÄHLT?

Das könnte daran liegen, dass die AfD Hamburg Nord im Wahlkampf 2017 das Bild bereits manipuliert verwendet hat, um sich als Opfer linker Gewalt darzustellen und andere zu diskreditieren.

Gebrochene Hand- und Sprunggelenke, Bänderrisse, Verstauchungen

Linksaktivisten verzweifeln an AfD-Plakat hinter Panzerglas

Das Resultat nach 24 Stunden: 11 verletzte Personen

Post: facebook.com/AfD.Hamburg.Bezirk.Nord

PROP, PROP, PROP, PROP — PROPAGANDA-STYLE:

Hier ist Platz für **deine Propaganda**. Schreibe deine Forderungen hier auf. Deinen besten Einfall kannst du direkt links **auf das Plakat schreiben**.

Ich fordere:

\- -

Gegen:

\- -

Für:

\- -

Deutschland muss:

\- -

Das Volk:

\- -

SCHON GEWUSST?

Die nationalsozialistische Propaganda setzte auf die Ideologie der Volksgemeinschaft und dass Deutschland ein Volk ohne Raum sei. Sie war zentrale Aktivität der NSDAP und diente u.a. zur Machtübernahme, gezielten Kriegsvorbereitung und zum Machterhalt.

„DIE DEUTSCHE LEITKULTUR IST FREIHEIT, GERECHTIGKEIT UND EIN GUTES MITEINANDER, SO WIE ES IM GRUNDGESETZ STEHT"

Martin Schulz (SPD)
www.sueddeutsche.de/politik/leitkultur-debatte-wer-seine-heimat-liebt-spaltet-sie-nicht-1.3485666

„DIE AFD BEKENNT SICH ZUR DEUTSCHEN LEITKULTUR. [...] ‚MULTI-KULTUR' IST NICHT-KULTUR."

AfD
www.afd.de/kultur-medien/

„EINE SPEZIFISCH DEUTSCHE KULTUR IST, JENSEITS DER SPRACHE, SCHLICHT NICHT IDENTIFIZIERBAR."

Aydan Özoguz (SPD)
causa.tagesspiegel.de/gesellschaft/wie-nuetzlich-ist-eine-leitkultur-debatte/leitkultur-verkommt-zum-klischee-des-deutschseins.html

„DAS SAGT EINE DEUTSCH-TÜRKIN. LADET SIE MAL INS EICHSFELD EIN UND SAGT IHR DANN, WAS SPEZIFISCH DEUTSCHE KULTUR IST. DANACH KOMMT SIE HIER NIE WIEDER HER, UND WIR WERDEN SIE DANN AUCH, GOTT SEI DANK, IN ANATOLIEN ENTSORGEN KÖNNEN."

Alexander Gauland (AfD)
Während seiner Rede zum Wahlkampfauftritt der AfD im Eichsfeld 08/17

SCHON GEWUSST?

Laut Statistischem Bundesamt (Stand 2017) verbrachte im Jahr 2013 der typische Deutsche (ab 10 Jahren) wöchentlich im Durchschnitt etwa 14,3 Stunden vor dem Fernseher, 0,1 Stunde im Theater, 0,06 Stunden in Museen und Kunstausstellungen, 3,4 Stunden beim Lesen und 0,4 Stunden mit Gesellschaftsspielen.

AfD Kreisverband Friesland-Wilhelmshaven-Wittmund
auf Facebook

Frage: Welche Kulturbereicherung haben uns die Migrantenströme nach Europa am meisten beschert?

Antwort: Gruppenvergewaltigungen und Messerstecherein.

Was denkst du? Welchen Aussagen stimmst du zu, und warum?

„Kultur" ist ein dynamischer Begriff, welcher in einer Gemeinschaft erworbene geistige, kulturelle oder künstlerische Errungenschaften umfasst. Diese gemeinsame Kultur ist stets in Bewegung und verändert sich kontinuierlich. Bestandteile der Kultur können beispielsweise die Sprache, die Wahrnehmung von Zeit und Raum oder auch Traditionen sein.

MEINE DEUTSCHE KULTUR

Was ist für dich deutsche Kultur? Woraus besteht sie? Zeichne ein.

„DIE DEUTSCHE SPRACHE IST EIN WICHTIGES KULTURGUT: SIE IST NICHT NUR GRUNDLAGE EINER GROSSEN LITERATURGESCHICHTE, SONDERN VERKÖRPERT AUCH EINE BESTIMMTE WELTSICHT UND GEISTESKULTUR. SPRACHE IST DIE SPEERSPITZE DER KULTURELLEN EVOLUTION. [...]"

Frauke Petry

Pflege das Kulturgut Sprache und korrigiere diesen Beitrag.

Sylvia S.
auf Facebook

ich gehöre zu denen, die auch die eigene deutsche Kultur pflegt !!

Liebe Facebookfreunde !!!!

Dies ist ein Nikolaus und **KEIN Zipfelmützenmann** wie er laut Grünen zukünftig heißen soll, aus Respekt vor der Islamischen Kultur....

Aufruf zum Boykott:

Wenn in den Regalen der Kaufhäuser unser Nikolaus, nicht als Nikolaus ausgeschildert sein, sondern dort als Zipfelmützenmann oder sonst was Deklariert sein, solltet Ihr aus Respekt vor unserer Kultur und als STOLZER Deutscher vom Kauf abstand nehmen. Dann wird die Industrie wach werden.

Quelle: Facebook-Fund

SUPERDOMINANTEKULTUR

Jedes Bild darf je Spalte, Reihe und in jedem Kasten nur einmal vorkommen.

Peter auf Facebook

Kennst Du Goethe und Schiller? kennst Du Meissener Porzellan,? …. In Chile und vielen anderen Ländern gibt es Goethe-Schulen, dass ist Deutsche Kultur. Nicht immer an Nazis denken. Ostereier bemalen, Geschenke am 24.12., dass ist deutsche Kultur. Fasching ist deutsche Kultur und selbst unser Sauerkraut ist deutsche Kultur, also was willst Du????

„…UND SIE SIND SICH WIRKLICH SICHER,
WAS DIE DEUTSCHE LEITKULTUR ANGEHT?“

DIE DROHENDE ISLAMISIERUNG

Der stolze Ronny hat sich verlaufen. Hilf ihm, den Weg zurück zu seiner Kultur zu finden, ohne islamisiert zu werden.

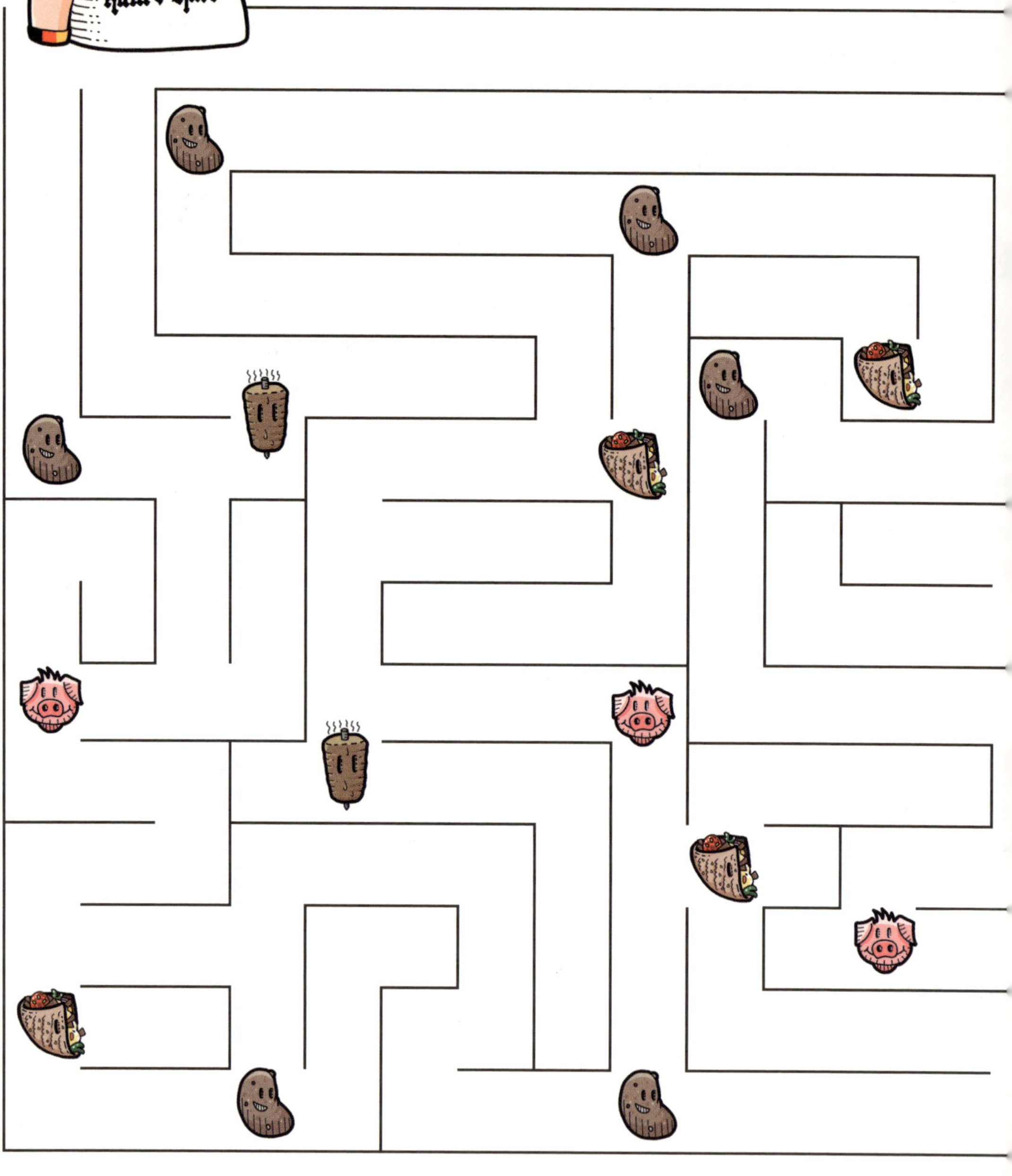

Ronny Kurt
auf Facebook

Volksverräter und Islamisten Huldigen
Politik und Politiker brauchen wir nicht.
Nein zu Islam, nein zu Islam und nein zu
Islamismus und Islamisierung.

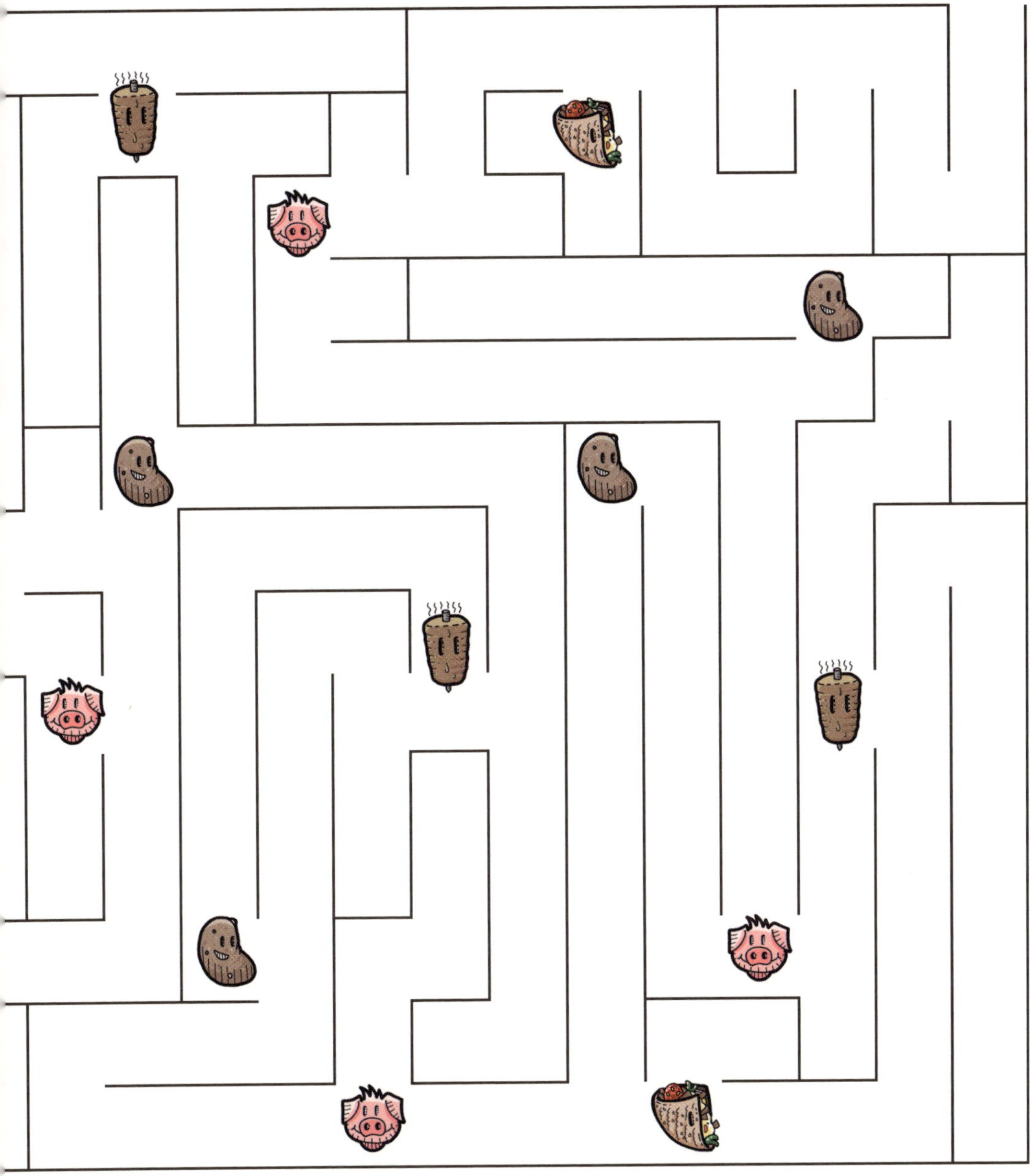

78

Henry J.
auf Facebook

Es wird wieder zeit für Kreuzzüge..

Trage hier LOESUNG ein:

KREUZZUG DER WÖRTER

1:    Dagegen, ungewaschen und arbeitslos, Törröö

2:    Schnauzbärtiger und eineiiger Österreicher

3:    Bezeichnung des nicht souveränen Deutschlands

4:    Gefahr aus der Luft

5:    Anderes Wort für Ethnomorphose

6:    Adj. für unabhängig von der Wahrheit

7:    Ein verärgerter Bestandteil des Volkes

8:    Echsenmenschen

9:    Zusammenschluss von Menschen aufgrund
      kultureller Gemeinsamkeiten

10:   Größte Gefahr für die westliche Welt

11:   Vorname des Dresdener Ober-Frischluftfanatikers

12:   Islamisierter Weihnachtsmann

13:   Partei zur Rettung des Abendlandes
      mit drei Buchstaben

14:   Wöchentliche Gruppierung der Frischluftfanatiker

15:   Größte Gefahr unserer Kinder

16:   Wenn Medien die Unwahrheit sagen

17:   Oft Selbstbezeichnung von Nr. 7

SCHON GEWUSST?

1925 druckte die „Berliner Illustrierte"
das erste deutsche Kreuzworträtsel ab.

Zeichnung:Alistration

Lion O.
auf Facebook

ein arier ist mindestens 3 mann stark-intelligenz,kraft und charakter.soll man sich als arier mit niederem volke mischen-wir haben dazu keinen grund, da unser denken und unser handeln einschlägige fortschritte in der zivilisation mit sich gebracht habe

Drei Quadrate können unsere dreimannstarken Intelligenzarier von äußeren Einflüssen, einer Volksvermischung und voneinander trennen, um ein Kompetenzgerangel zu vermeiden. Zeichne sie ein.

Deutsche!

gebt dem System die Antwort!

wählt: ✔

Bildung!

RASENTRENNUNG AUF DER WIESN

Auf dem Oktoberfest treffen sich 12 Menschen unterschiedlicher Herkunft, keiner nimmt Rücksicht auf kulturelle Homogenität und Geschlechtsunterschiede.

Sorge du für Zucht und Ordnung und trenne die Personen voneinander.

Beate und Lara
auf Facebook

Dieser Moment wenn deine beste Freundin plötzlich mit nem schwarzen zusammen ist. Geht gar nicht.

Hast du was gegen Afrikaner?

Nein gar nicht. bin ja keine rasistin.

Tobias
auf Facebook

da kann man echt nur danke sagen das unsere omas und opas bei unseren eltern noch dahinter waren das es keine rasen vermischung gegeben hat

pixabay.de

ABER VORSICHT!!!

- Deutsche dürfen nur bei Deutschen stehen.
- Ein fremdländischer Mann darf nicht mit einer fremdländischen Frau alleine sein (drohender Platzmangel aufgrund angenommener hoher Fruchtbarkeit).
- Neben einer deutschen Frau darf maximal ein Mann stehen (eine deutsche Frau weiß, zu wem sie gehört).
- Niemand will alleine sein.

SCHON GEWUSST?

Die bereits mehrfach wissenschaftlich verworfenen Rassentheorien teilen die Menschen in verschiedene Rassen, basierend auf äußerlichen Merkmalen, Charakter und Fähigkeiten, ein, um diese zu klassifizieren und hierarchisieren.

STOCKWERK

WOHNEINHEIT

	A	B	C	D	E	F	G	H	I	J
10										
9										
8										
7										
6										
5										
4										
3										
2										
1										

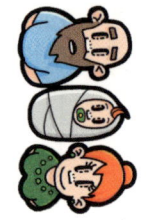

LOS PATRIOT, VERTEIDIGE DAS ABENDLAND!

STOCKWERK

WOHNEINHEIT

	A	B	C	D	E	F	G	H	I	J
10										
9										
8										
7										
6										
5										
4										
3										
2										
1										

FEUER FREI!

Fast 1000 Anschläge auf Flüchtlingsheime im Jahr 2016, mehr als 3500 Angriffe auf Flüchtlinge 2017 wurden vom Bundeskriminalamt verzeichnet.

Die Verteidigung des Abendlandes läuft auf Hochtouren.

Finde sichere Wohnungen im Heim für: eine 4er-Gemeinschaft, zwei junge Familien mit Kind, die süßen Geschwister und drei alleinreisende Jugendliche (mit Smartphones).

Wer den Brandanschlag überlebt, gewinnt, den Täter holt die Polizei.

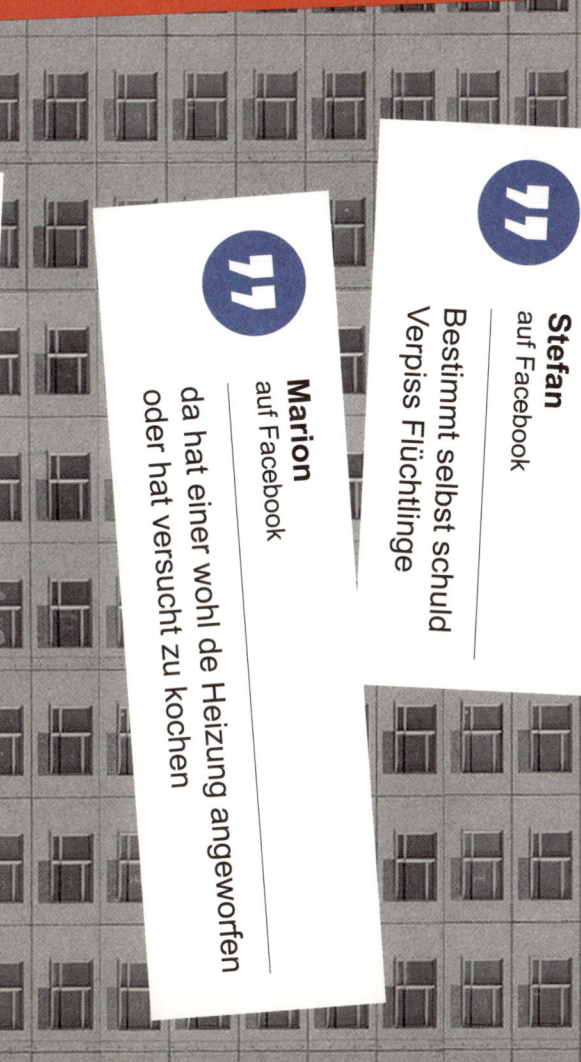

Stefan
auf Facebook

Bestimmt selbst schuld
Verpiss Flüchtlinge

Marion
auf Facebook

da hat einer wohl de Heizung angeworfen
oder hat versucht zu kochen

Kevin
auf Facebook

Spontane Selbstentzündung würde
ich sagen, quasi wie immer, da war
der Schoko pudding alle.

Marcel Hackfresse
auf Facebook

eine wahrnung an den Staat ihr könnt nicht den menschen einfach was zu muten und dinge vertuschen aber egal ich werde mich wehren und jeden kanacken Ausländer vernichten das licht aus blasen ist mir scheis egal unser land unsere regeln wer sich ni9cht tran hält der bekommt die deutsche macht zu spüren und leute eine bitte an alle deutschen Landsleute scheist auf den Staat unternehmt was währt euch dagegen wir sind das land nicht der Staat sieg heil

FEUER FREI!

Fast 1000 Anschläge auf Flüchtlingsheime im Jahr 2016, mehr als 3500 Angriffe auf Flüchtlinge 2017 wurden vom Bundeskriminalamt verzeichnet.

Die Verteidigung des Abendlandes läuft auf Hochtouren.

Finde sichere Wohnungen im Heim für: eine 4er-Gemeinschaft, zwei junge Familien mit Kind, die süßen Geschwister und drei alleinreisende Jugendliche (mit Smartphones).

Wer den Brandanschlag überlebt, gewinnt, den Täter holt die Polizei.

LOS PATRIOT, VERTEIDIGE DAS ABENDLAND!

WOHNEINHEIT — A B C D E F G H I J

STOCKWERK — 10 9 8 7 6 5 4 3 2 1

WOHNEINHEIT — A B C D E F G H I J

STOCKWERK — 10 9 8 7 6 5 4 3 2 1

VERVOLLSTÄNDIGE DIE SÄTZE

Ich bin kein Nazi, aber

Ich habe ja nichts gegen Flüchtlinge, aber

Ich weiß, dass es in der AfD Politiker gibt, die rechtsextreme Aussagen treffen, aber

----

Kalisha
auf Facebook

Nur gut ernährte 500 Euro-Handybesitzer... ich bin kein Feind von Flüchtlingen, kein Hetzer & ganz bestimmt kein Nazi!!! Aber auf 90% unserer „Flüchtlinge" trifft es leider Gottes zu. Seht der Wahrheit doch mal ins Gesicht Leute!!!

Ein strammdeutscher Spaziergänger saß im Gefängnis, zahlte keinen Unterhalt für sein Kind, wurde wegen Einbruch, Diebstahl, Volksverhetzung und Drogenbesitz verurteilt und floh nach Afrika, um seiner Haftstrafe zu entgehen, aber

----

Ich bin ja auch gegen Gewalt, aber

Ich glaube ja nicht an Veschwörungstheorien, aber

Daniel
auf Facebook

Nur weil ich die Deutsche Sprache Spreche und auch Deutscher bin, muss ich mich nicht von Irgendeinen dahergelaufenen FICKFROSCH ALS NAZI BELEIDIGEN LASSEN!!!

Ein Reich, ein Horn.

DEIN URTEIL – STELLE DIE VERBINDUNG HER

Man sagt ja so einiges über diese oder jene Menschen. Hier kannst du zeigen, was du so denkst. Verbinde, was zueinander passt. Natürlich ist auch eine Mehrfachauswahl möglich.

Juden …

Polen …

Rechtsextremisten …

Kapitalisten …

Teddybärwerfer …

Muslime …

AfD-Politiker …

Islamisten …

Taschendiebe …

Hartz 4er …

Willi W.
auf Facebook

Ihre Länder liegen in Schutt und Asche und diese Asylschmarotzer lassen es sich bei uns gut gehen und kennen nur Eines fordern und abkassieren .. Wie ich dieses Asylanten Pack verachte!!!

... sehen andere Menschen als minderwertig an.

... glauben, sie wären alternativlos.

... wollen eine bessere Gesellschaft.

... klauen.

... geht es in erster Linie ums Geld.

... wollen eigentlich nur kuscheln.

... glauben an Gott.

... leben alle von Sozialleistungen.

... scheuen nicht vor Gewalt zurück.

...

LIEBE, FREIHEIT, MENSCHLICHKEIT – BRANDGEFÄHRLICHE WAHNIDEEN

 **M. Sellner**
@Martin_Sellner

Folgen

Das Bild fasst die pol. Religion der Liberalen zusammen.
Eine brandgefährliche wahnidee.

BIRTH PLACE: EARTH
RACE: HUMAN
POLITICS: FREEDOM
RELIGION: LOVE

02:51 - 13. Sep. 2017

Übersetze den Spruch auf dem Leibchen.

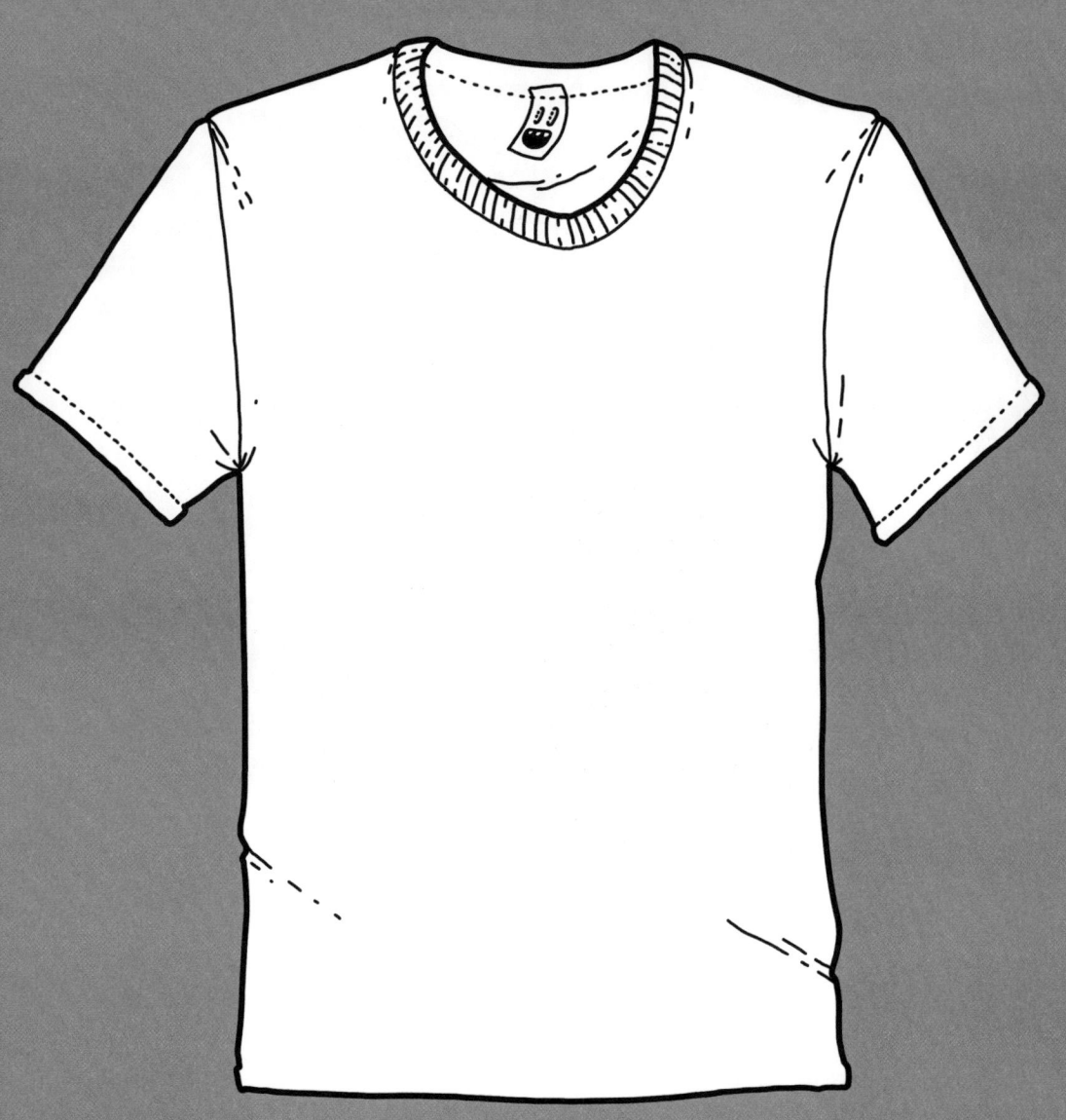

ENTARTETE KUNST

So „fahen" fie die Welt,
Das waren die „Meisterwerke

Thomas Materner
AfD Stadtverordneter Kassel - Kulturausschuss,
über eine Skulptur auf dem Kasseler Königsmarkt

Das ist „ideologisch polarisierende,
entstellte Kunst"

"Meister" der von Juden und hysterischen Schwätzern in den
...mel gerühmten Verfallskunst!

...mit den Steuergroschen des schaffenden deutschen Volkes
...ahlt wurden !!!

SCHON GEWUSST?

Der Begriff „Entartete Kunst" wurde Ende des 19. Jahrhunderts aus
dem Medizinischen auf das Künstlerische übertragen. Zu ihr zählten
im Nationalsozialismus kulturelle Strömungen und Kunstwerke, die
der Rassenlehre und dem Schönheitsideal der Nationalsozialisten
widersprachen und nicht im Einklang standen mit der „Deutschen Kunst".
Dazu gehörten zum Beispiel Kunstwerke jüdischer Künstler oder auch
moderne Kunstrichtungen, wie z.B. der Expressionismus, Dadaismus
oder der Surrealismus.

LASS DEINE KUNST ENTARTEN!

Informiere dich über Künstler und Kunstwerke, die von den Nazis als „entartet" bezeichnet wurden. Benutze beim Ausmalen Stilmittel dieser Künstler und Kunstwerke.

*Welche Stilmittel
hast du verwendet?*

Welche Stilmittel hast du verwendet?

MACH WAS DRAUS

Willkommen im Demonstrationsregister für Berufsdemonstranten.
Möchtest auch du Voll- oder Teilzeit-Demonstrant werden und mit
fürstlicher Vergütung andere Meinungen unterdrücken? Los geht's.

Aufnahme in Demonstrationsregister von Bund und Ländern

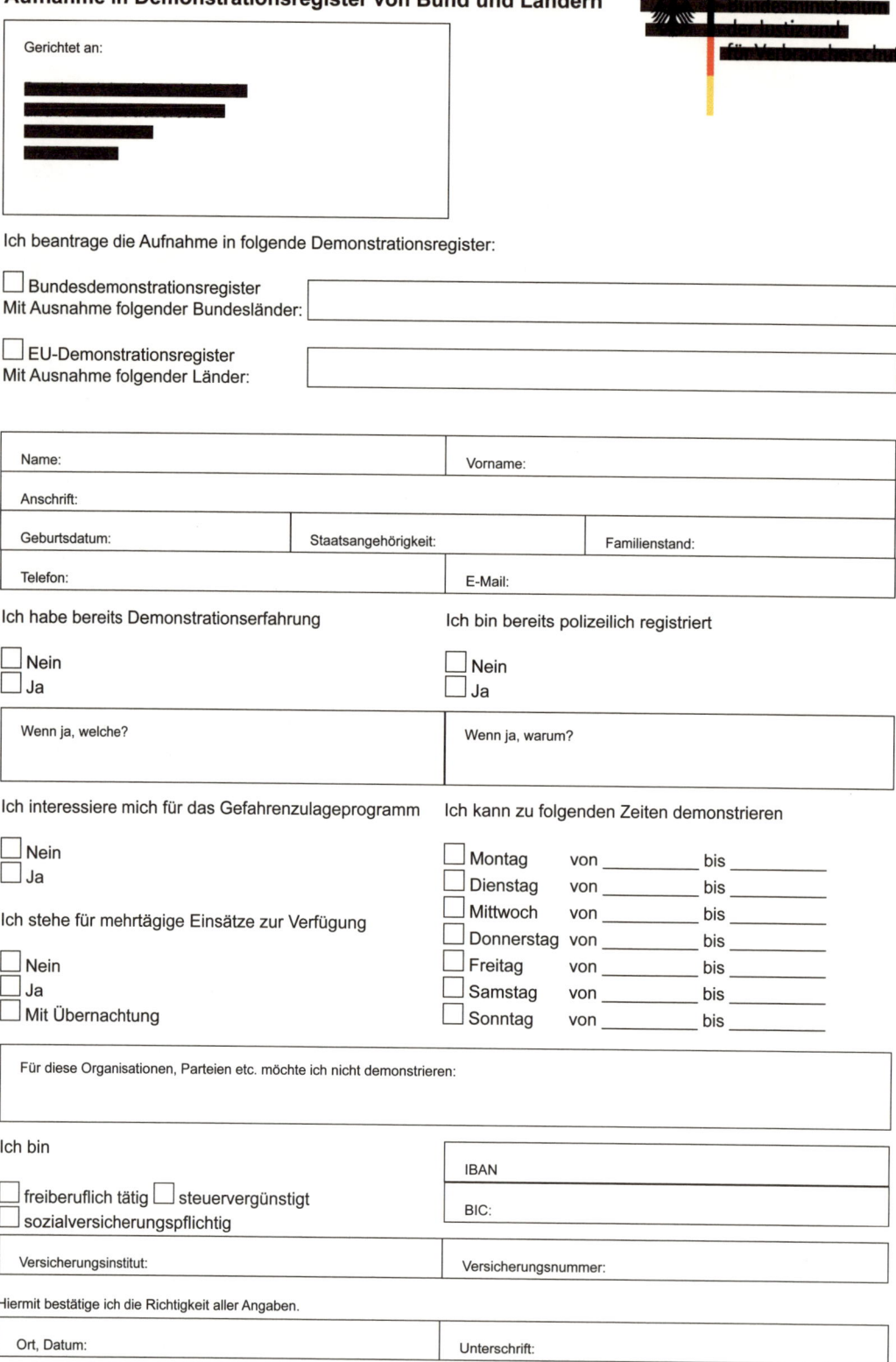

Gerichtet an:

Ich beantrage die Aufnahme in folgende Demonstrationsregister:

☐ Bundesdemonstrationsregister
Mit Ausnahme folgender Bundesländer:

☐ EU-Demonstrationsregister
Mit Ausnahme folgender Länder:

Name:		Vorname:	
Anschrift:			
Geburtsdatum:	Staatsangehörigkeit:		Familienstand:
Telefon:		E-Mail:	

Ich habe bereits Demonstrationserfahrung

☐ Nein
☐ Ja

Wenn ja, welche?

Ich bin bereits polizeilich registriert

☐ Nein
☐ Ja

Wenn ja, warum?

Ich interessiere mich für das Gefahrenzulageprogramm

☐ Nein
☐ Ja

Ich stehe für mehrtägige Einsätze zur Verfügung

☐ Nein
☐ Ja
☐ Mit Übernachtung

Ich kann zu folgenden Zeiten demonstrieren

☐ Montag   von _____ bis _____
☐ Dienstag   von _____ bis _____
☐ Mittwoch   von _____ bis _____
☐ Donnerstag von _____ bis _____
☐ Freitag   von _____ bis _____
☐ Samstag   von _____ bis _____
☐ Sonntag   von _____ bis _____

Für diese Organisationen, Parteien etc. möchte ich nicht demonstrieren:

Ich bin

☐ freiberuflich tätig ☐ steuervergünstigt
☐ sozialversicherungspflichtig

IBAN

BIC:

Versicherungsinstitut:	Versicherungsnummer:

Hiermit bestätige ich die Richtigkeit aller Angaben.

Ort, Datum:	Unterschrift:

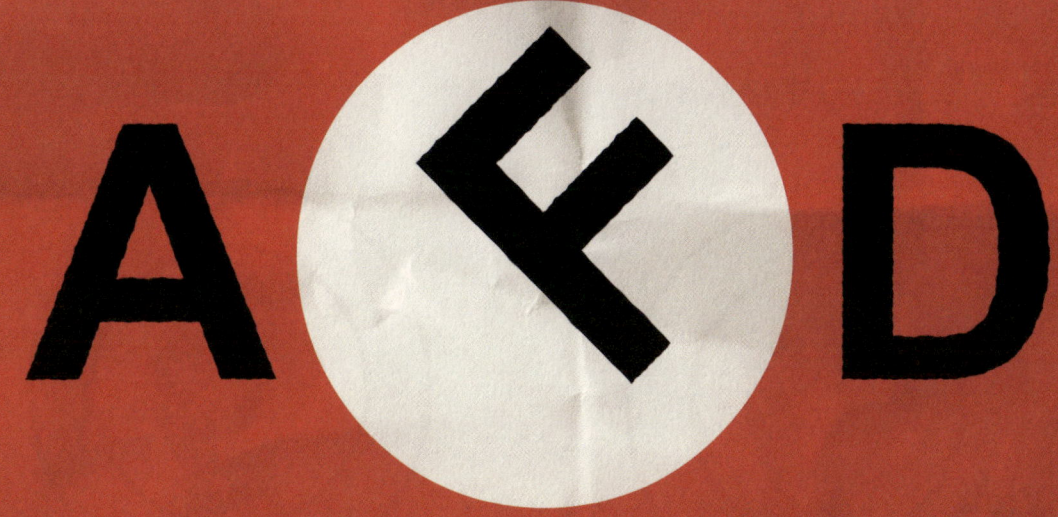

Karlheinz H.
auf Facebook

Der Begriff Nazi stammt aus Nazareth und bedeutet
guter über durchschnittlicher fast heiliger Mensch!
Ich bin gern Nazi......

*ISTEN FISTEN

Bist du Rassist, Alpinist, Faschist, Bassist, Kommunist, Islamist, Pazifist, Feminist, Polizist, Terrorist, Aktivist, Alchemist, Christ, Florist, Zionist, Tourist, Sopranist, Spezialist oder Stalinist?

Für welche *Isten erhebst du die Faust und was ist dein Schlachtruf?

DER GRUNDSTEIN IST GELEGT, NUN GRÜNDE DEINE EIGENE *ISTISCHE AKTION

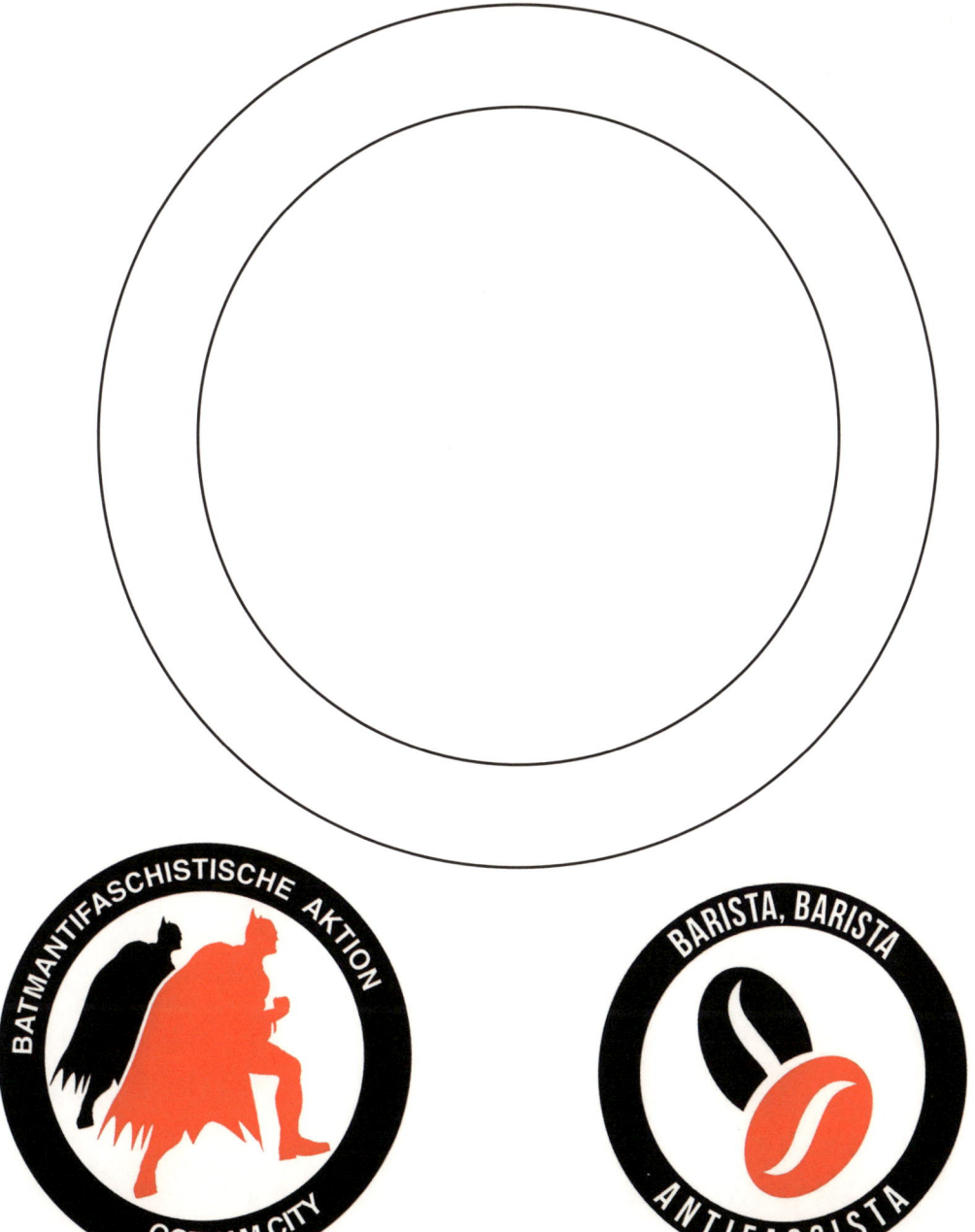

DEINE FLUCHT

Es kommt zum von dir schon lange prognostizierten Bürgerkrieg in Deutschland und du musst mit deiner Familie fliehen.

Da gibt es nur ein Problem:

Die nächstgelegene Region, in welcher Frieden herrscht und welche euch gute Möglichkeiten für die Zukunft bietet, ist das „Morgenland". Dort will allerdings keiner mehr weitere Flüchtlinge aufnehmen. Und schon gar nicht solche deutschen Flüchtlinge, die weder die Sprache beherrschen noch wissen, wie man sich zu benehmen hat. Sie schätzen weder die Dorfgemeinschaften noch die Nachbarn, wissen nicht, wie man Gäste zu bewirten hat, noch, dass man Frauen ehrt und auf sie achtgibt. Sie schimpfen stets rum, die Temperaturen sind ihnen zu heiß, das Essen zu scharf. Immer sind sie auf der Suche nach Alkohol, bekommen sie diesen in die Finger, verlieren sie jeglichen Anstand. Nein, solche überheblichen Menschen aus dem „Abendland" will nun wirklich keiner aufnehmen. Alles Individualisten, die mit ihrem Egoismus die Kultur der Kollektivgesellschaften vergiften wollen. Von Arbeit haben sie auch noch nichts gehört. Also von richtiger Arbeit zumindest nicht. Statt anzupacken, sitzen sie in Büros und sortieren Papiere. Auf eine solche „Arbeitskraft" kann man gut verzichten.

Trotzdem schafft ihr es, mit ein paar Männern in Kontakt zu treten, die Flüchtlingstransporte in den Orient arrangieren. Das kostet jedoch. Ihr musstet alles verkaufen, was ihr besessen habt. Und es ist gefährlich, aber eure einzige Chance.

Als ihr in den Transporter steigt, hast du nur deinen Rucksack dabei.

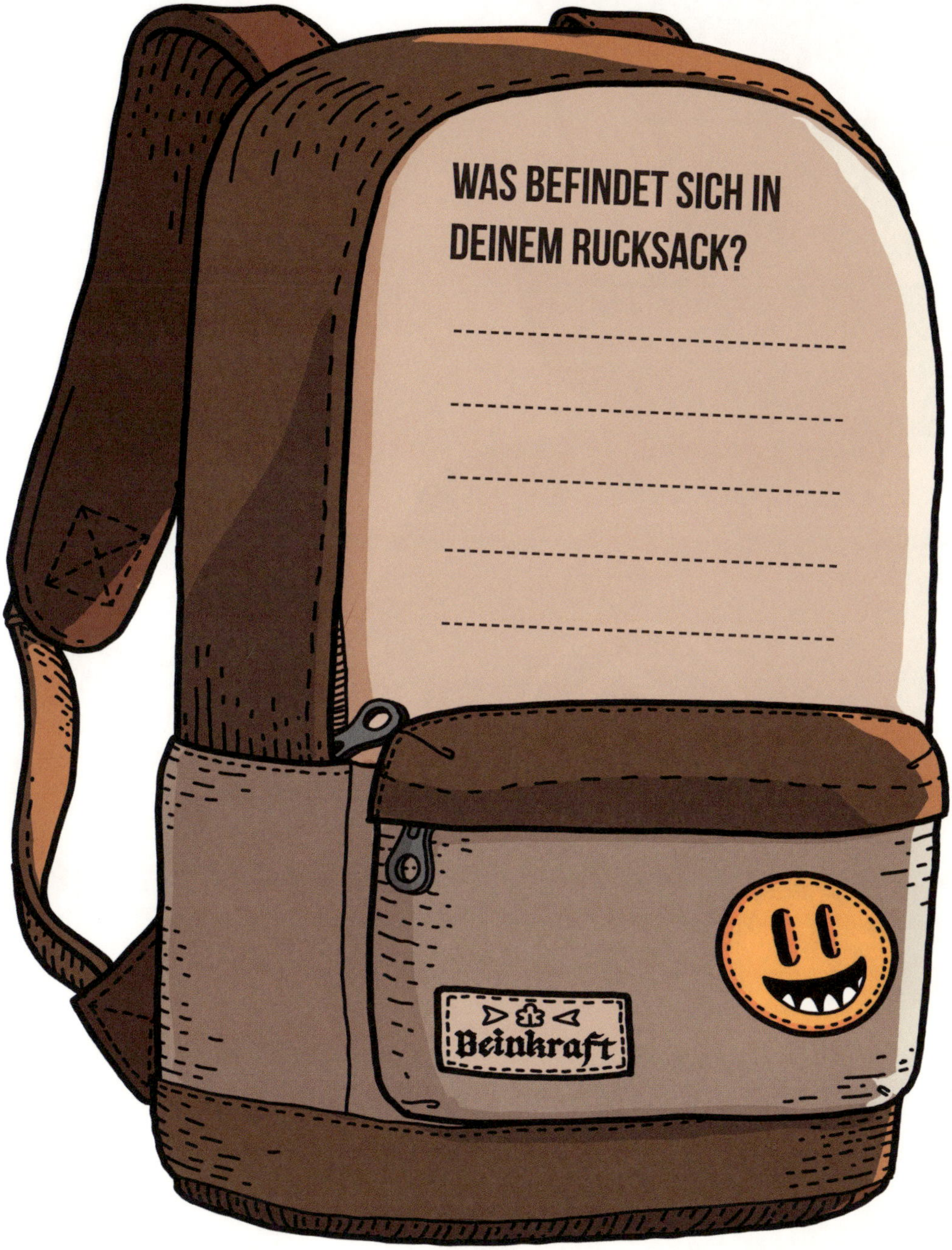
WAS BEFINDET SICH IN
DEINEM RUCKSACK?
Beinkraft

Wolfgang
auf Facebook

„Flüchtlinge“ ... alle haben ein Handy ... und haben immer noch nicht die APP gefunden ... wie man in drei Wochen DEUTSCH lernt :) haha

AKTIV (S[T] MUS[S])

ALLES IST KAPUTT, DEINE REGIERUNG AM ENDE. NUN BIST DU GEFRAGT, DENN ALLES MUSS NEU.

Male und benenne deine Minister*innen und welche Ämter sie bekleiden.

Marcel
auf Facebook

aus europer ist doch eine grose kloarke geworden dank frau merkel die alte bauern kuh sie hat doch alle grensen auf gemacht und nun schwiemmen wir in scheise hofend lich komt die darbei um und seuft jämmerlich darbei ab..

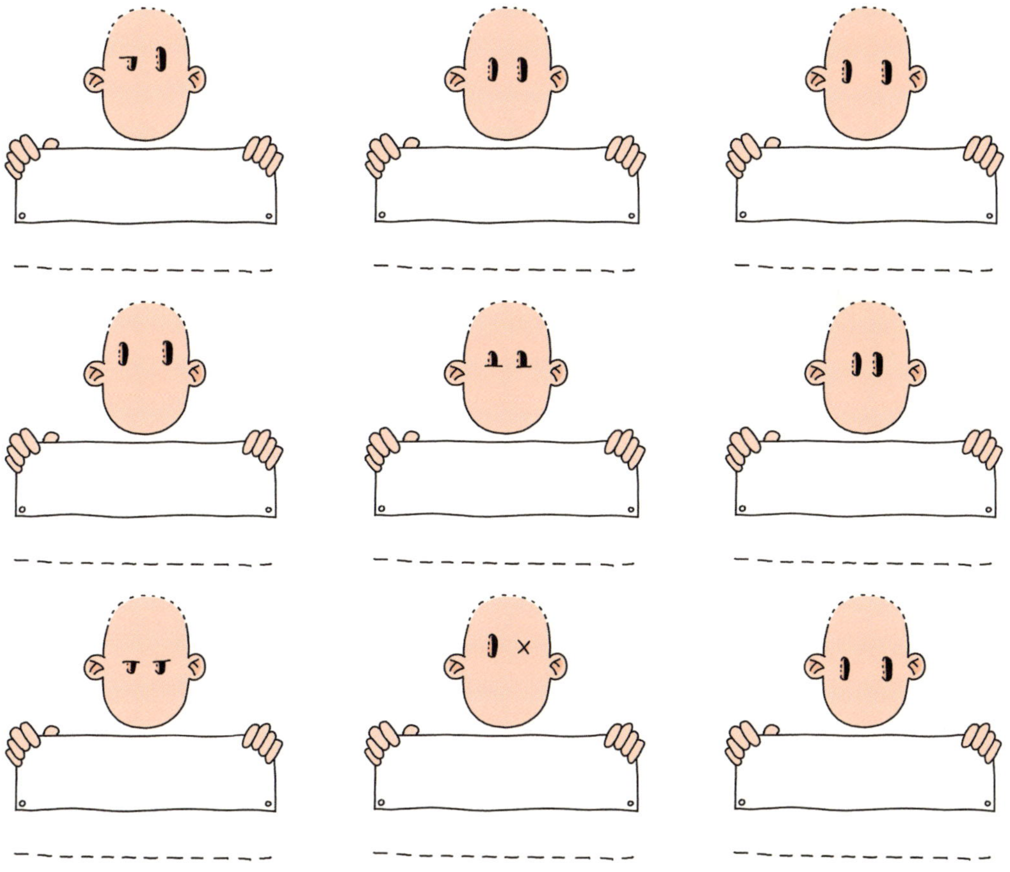

IN DIESER ZEIT – VON KAI LÜFTNER

In diesem Land in dieser Zeit
ist es wieder mal so weit:
man hört es lauthals johlen.

Ich hab, wenn man so sagen will,
ein ziemlich grusliges Gefühl,
ich kenne die Parolen.

Es geht um Wut, es geht ums Volk,
es geht, huhu, um alles.
Doch eigentlich geht es um Angst
im Falle dieses Falles.

Das ist okay, gehört dazu,
das darf man nicht verschweigen.
Auch soll und kann und muss man
was nicht rund läuft deutlich
zeigen.

Und ja, es eiert einiges in diesem
unserm Land, besonders bei zwei
Dingen hakt es –
bei Herz und bei Verstand.

Denn wenn ich, widewitt, die Welt
mir mache, wie es grade passt,
dann wird mal eben, ganz
pauschal, auch ganz pauschal
gehasst.

Ja, überall auf dem Planeten
hasst man mittlerweile –
ganze Länder, Menschengruppen
oder kleine Teile.

Ohne sich zu kennen, weiß man,
die da sind mein Feind.
Und es wird schlimmer, wie es scheint.

Ist man kein Linker, ist man Rechter,
ist man kein Guter, ist man Schlechter,
hat man sonst nix, ist man mal eben
irgendwie Kulturverfechter.

Man bewahrt die Tradition,
wie ja einst die Ahnen schon –
und bekämpft die Religion
mit Religion.

Ich red nix schön, es ist zum Kotzen,
stundenlang könnte ich motzen
über tausend Sachen.
Doch während ihr das Volk gern wärt
und euch in einer Tour beschwert,
will ich lieber was machen.

Und nicht dagegen, nein, dafür!
Ignoranz ist eine Tür
und führt zu oft ins Leere.

So dreht sich dieser Apparat
nur um sich selbst meist in der Tat –
und das ist das Prekäre.

Verdammte Axt, wie kann man nur
so überzeugt in einer Tour
„die Wahrheit" propagieren?

Und dabei Tugendhaftigkeit,
Gewissen oder Menschlichkeit
so schamlos ignorieren?

„Die gegen uns" ist die Devise,
will man uns glauben lassen.
Und zack, da ist sie wieder: Angst.
Was hilft dagegen? Hassen!

Und ihr wollt „euer" Land zurück?
Ihr hattet es noch nie!
Ihr seid nur hirnlos wiederkäuend
hasserfülltes Vieh!

Das selbst nicht denkend
nachplappert,
was andre euch erzählen!
Und endlich kann man die, juhu,
auch wählen!

Ich sag als Mann, weil ich das
kann, in diesem, meinem Land:
Dass Männer Straftaten begehen,
ist ja wohl bekannt.

Die Bayern sind hässlich,
die Schwaben sind geizig,
der Preuße verlässlich,
ich meine, was zeigt sich?

Nichts davon stimmt,
wenn man es nimmt,
wie man's nicht nehmen kann.
Selbst hier in Deutschland
ist ein Mann nicht gleich ein Mann.

Es gibt Gesetze,
wer die einhält, ist nicht kriminell!
Und wer sie bricht, wird eingesperrt,
und zwar möglichst schnell.

Jaja, da hapert's, weiß ich selber,
dann lasst uns dafür sein,
dass man Gesetze, die es gibt,
auch nutzt – ganz allgemein.

Manchmal denk ich, ihr versteht nicht,
diese Welt, verdammt, sie dreht sich –
und zwar längst global.

Was ich hier kaufe, esse, mache –
ist irgendwo nicht mehr egal.

Habt Angst vor Terrorismus,
aber raucht!
Ihr macht euch diese Welt,
wie ihr sie braucht!

Befürchtet die Bedrohung
und bekämpft sie mit Verrohung,
so viel Dummheit Leute,
ehrlich, schlaucht.

Ich will nicht hinter Mauern leben,
hinter Stacheldraht;
beschützt vor dieser Welt da draußen,
das ist nicht meine Art.

Ich will die Welt hier um mich haben,
bin ein Teil von ihr.
Ich bin nicht besser oder schlechter,
die da sind auch wir.

Ich liebe dieses Land tatsächlich
und red nicht nur darüber.
Ein paar Probleme weniger,
die wären mir auch viel lieber.

Und nein, das ist kein Untergang,
das ist ein steter Abgesang,
was man so sagen muss.

Das Ende naht ja meistens dann,
wenn jemand profitieren kann,
so sieht es aus am Schluss.

Im Grunde ist es ziemlich einfach,
sich selbst nicht zu betrügen:

WAS DU NICHT WILLST, DAS MAN DIR TU, DAS FÜGE KEINEM ANDERN ZU!

DAS SOLLTE SCHON GENÜGEN.

Deutsche!
Wehrt Euch
Kauft nicht bei Juden!

„Ich rufe alle Bürger guten Willens auf:
Boykottiert die Läden der Türken in Deutschland,
denn die fahren zu 70 Prozent auf Erdogan ab."

Kay Gottschalk, Vizeparteichef der AfD und Bundestagsabgeordneter am 24.01.2018 beim
Neujahrsempfang in Krefeld

AfD-Neujahrsempfang in Krefeld: „Boykottiert die
Türkenläden!"

Die Proteste vor der Halle in Oppum sind friedlich und halten sich diesmal
deutlich in Grenzen. Drinnen fordert ein Abgeordneter aus Viersen in Zukunft...

WZ.DE

Bild: picture-alliance/dpa

DIE ANGST VOR „UNDEUTSCHEM SCHRIFTTUM"

„Die öffentlichen Bücherverbrennungen waren
der Höhepunkt der sogenannten „Aktion wider
den undeutschen Geist", mit der kurz nach der
„Machtergreifung" der Nationalsozialisten, im März
1933, die systematische Verfolgung jüdischer,
marxistischer, pazifistischer und anderer oppositioneller
oder politisch unliebsamer Schriftsteller begann."

LESEEMPFEHLUNGEN:

*Grundgesetz der
Bundesrepublik Deutschland*
dtv, München, 2017

Victor Klemperer
LTI – Notizbuch eines Philologen
Reclam, Stuttgart, 2010

Schlecky Silberstein
Das Internet muss weg
Albrecht Knaus Verlag, München, 2018

Edward Bernays
*Propaganda – Die Kunst
der Public Relations*
orange-press, Berlin, 2011

Harald Welzer, Sabine Moller, Karoline Tschuggnall
*„Opa war kein Nazi" – Nationalsozialismus
und Holocaust im Familiengedächtnis*
S.Fischer Verlag, Frankfurt am Main, 2001

Art Spiegelman
Maus
S.Fischer Verlag, Frankfurt am Main, 2008

Tilman Allert
Der deutsche Gruß. Geschichte einer unheilvollen Geste
Eichborn, Berlin, 2005

Andrea Röpke, Andreas Speit (Hrsg.)
Blut und Ehre. Geschichte und Gegenwart rechter Gewalt in Deutschland
Ch. Links, Berlin, 2013

Die Abrafaxe
MOSAIK-Hefte
Steinchen für Steinchen Verlag, Berlin

Barbara Beuys
Sophie Scholl. Biografie.
Carl Hanser, München, 2010

Morton Rhue
Die Welle
Ravensburger Buchverlag, Ravensburg, 1996

Allgemein
Lest Biografien!

DU HAST BIS HIERHIN NICHT VERSTANDEN, WAS DIR DIESES BUCH SAGEN WILL? TRIFF DICH MIT EIN PAAR KAMERADEN UND DANN VERBRENNT DIESES BUCH!

NUN IST DIESES BUCH ZU ENDE, UND ES WIRD ZEIT FÜR ETWAS SEELENHEIL. OHNE EUREN ZUSPRUCH WÜRDE ES WEDER UNS NOCH DIESES BUCH GEBEN ...

Jakob
auf Facebook

Vielen Dank für eure Arbeit, ihr unterstützt auch mich Tag für Tag, mich gegen den Rassismus in Deutschland und auf der ganzen Welt stark zu machen, denn auch wenn ich manchmal denke, dass es keinen Sinn mehr macht, weil es zu viel wird, gibt es mir Mut zu sehen, dass es noch mehr gibt, die genau so denken.

Jens
auf Facebook

Mit spitzer Zunge und amüsanter Wortakrobatik halten die Hooligans so manchem Wutbürger den Spiegel vor und leisten so einen sehr wichtigen Beitrag gegen die gesellschaftliche Schlagseite nach rechts. Sie machen aus Sepia wieder Bunt.

Edda
auf Facebook

Ihr seid wie Krieger, die jeden Tag, wenn Facebook mich auf der Timeline mit braunem Mist vollkotzt, den Rotstift ansetzen, um mir ein Lächeln aufzumalen. Allein dafür und für den Einsatz, die Ausdauer, die Schonungslosigkeit, die unerschöpfliche Kreativität, seid ihr meine Helden.

Herbert
auf Facebook

eine wichtige Seite bei Facebook die zeigt, dass man mit Courage und Humor zusammen am besten weiterkommt: Hass und Gewalt haben noch nie jemanden stärker gemacht, Witz und Mut hingegen schon: weiter so!

Juliane
auf Facebook

Meiki
auf Facebook

Sehr gut! Trifft immer den richtigen Ton und trägt dazu bei, die Gesellschaft etwas besser zu machen. Weiter so!

Großartiger Humor, großartige Recherchearbeit, großartige Einstellung, großartige Rechtschreib- und Grammatikkenntnisse, großartige Privateinblicke, großartiger Merch, großartige Community.

Choenyi
auf Facebook

Svantje
auf Facebook

Fantastische und sehr wichtige Seite! SEHT HIN! Wir haben davon gewusst!

Wer wandernd nicht Gefährten trifft, die besser, oder doch ihm gleich, zieh einsam fest die Straße fort - Gemeinschaft gibt's mit Toren nicht. Wahre Liebe ist Bedingungslos So bin ich dann gewandert Von einer AfD Seite zur andern, Hier hab ich dann mal Rast gemacht und Freud' hat's mir dann auch gebracht. Danke von Herzen.

Michael
auf Facebook

Pädagogisch wertvoll. Nicht nur bezüglich der Syntax und Grammatik.

DANKE SAGEN
#HOGESATZBAU

HOOLIGANS GEGEN SATZBAU:
BESORGTE STIMMEN ÜBEN SACHLICHE KRITIK

Diplom Ingeneur Dennis Ingo Schulz ist hellauf begeistert von unserem Wirken.

Screenshot: www.youtube.com/watch?v=IOUON9JJpyE

Steffifee
auf Facebook

Internetsüchtige Geistesgrößen aller „Hooligans Gegen Satzbau" rambonieren das Internet.

FeLiX
auf Facebook

Wiiederliches Pack.Ihr seid so erbärmlich aber was will man von solchen Vollpfosten schn anderes verlangen, ihr habt euer Gehirn im Wald verloren.

Frank
auf Facebook

die neuste filiale des springer-verlages.

Gerhard
auf Facebook

Eine Scheiße sondergleichen. Ich habe sellten so
einen Müll gelesen. Nein, eigentlich noch nie.

Phil
auf Facebook

...und wieder ein billiges Portal linksradikaler Rattenfänger,
bestens geeignet für intelligenzfreie Gutmenschen und linker
Hassprediger und Hetzer.

Marlene
auf Facebook

Die Seite ist der größte Dreck. Schlimmer
wie SPD und CDU zusammen.

Erika
auf Facebook

a. A. nach eher für Denunziantentum*.. 😃 ..Doktrin*.. 😃
..Willkür*.. 😃 ..Machtmissbrauch*.. 😃 ..Fake- News*. 😃 😃
.etc.....Wie gut....dass es zum direkten Vergleich genügend
Seiten gibt....die euch als das entlarven....was ihr seid....
😃 auf....wenn links/grün/rote Brandstifter*innen mit der
rabenschwarzen bzw. braunen Gesinnung* ihr Unwesen
treiben.. 😃 😃 ... 😃 spitzen....wenn es ungerecht zugeht.. 😃
..Laut werden.. 😃 ...wenn Engagement und Courage gefragt
sind... 😃😃😃😃 😃 ..... 😃

AL[...][U]HU[T] AKBAR!

DEUTSCHE [...][L]EHRT EUCH KAUFT [...][D]UDEN!

GEMEINSAM SIND WIR S[...][CHLAU]!

WIR ACHTEN AUF EINZEL[L] FÄLLE!

HOGESATZBAU

VER[...][D]UMMUNGS VERBOT

TRIUMPH
DES WISSENS

Hooligans Gegen Satzbau

Dein Name

ZEUGNIS

Betragen   Fleiß

Deutsch   Geschichte

Sozialkunde   Ethik/Religion

L

II. Versetzungsvermerk

„DOCH DU BIST NUR EIN LAND, WIR GESTALTEN DICH."

DIE BROILERS
& HOGESATZBAU

„DIE MUSIK ENTARTET, DER REST IST UNS BEKANNT."

LÖSUNGEN

S.14

Haha Antifaschisten, wir (Subjekt) kriegen (Prädikat) euch (Objekt), ihr linkes Komponistenpack (Objekt)! Sorry, ich (Subjekt) meine (Prädikat) Kommunisten (Objekt).

S.18/19

Baseballschläger (S), ekelerregend (A), Journalist (S), Niveau (S), Kanake (S), humanistisch (A), Bevölkerung (S), Meinungsfreiheit (S), Bundesrepublik (S), Chemtrail (S), äußern (V), Sinti und Roma (S), Kinderzuschläge (S), Präsentation (S), konvertieren (V), diskriminiert (V), Asylant (S)

S.23

Seit wir uns tagtäglich mit seitenlangen Kommentaren patriotischer Vaterlandsverteidiger beschäftigen, ist uns klar geworden, dass staatlicherseits einiges getan werden muss bezüglich der deutschen Schulbildung. Seit jeher ist es so, dass „seit", wenn es einen Zeitraum beschreibt, so geschrieben wird: „seit". Das kann man sich besonders gut merken, da auch die „Zeit" mit dem gleichen Buchstaben aufhört. Auch alles, was mit einer Seite zu tun hat, also links, rechts, mittig, Verwandtschaftsverhältnisse und so weiter, wird ebenso geschrieben. Wenn „seid" jedoch vom Verb „sein" abstammt oder etwas mit der Stoffart Seide zu tun hat, dann wird es so geschrieben: „seid". Alles klar? Versuchen wir es gleich noch mal: Ich verbreite keine Informationen, die ich vom dritten Schwippschwager väterlicherseits der Nachbarin meiner Friseurin erhalten habe. Seitdem ich Mitglied im Antifa e.V. bin, kann ich mir sogar Seidenanzüge leisten. Seit kurzer Zeit möchte ich kein Patriot mehr sein, denn die seitenlangen Täuschungs- und Manipulationsversuche von Spaziergängern und rechtspopulistischen Parteie, führen jeden patriotischen Gedanken ins Abseits. Ihr seid doch alles nur verblendete Mitläufer, die im Diesseits so wenig zu sagen haben wie in meiner Familie die vierte Stiefmutter großväterlicherseits.

S.25

Heidi: das, dass; Österreichische Zukunftspartei: dass, dass; Tom: dass

S.27

Wenn maßlos maskuline Marsmenschen, der masochistischen Maßregeleinheit für von Zensur betroffene Massenmedien, massenhaft Maßnahmen treffen, um sich selbst zu demaskieren, dann tragen sie maßgeblich dazu bei, dass Massen an massiv mitdenkenden Mitmenschen sich maßlos mit der ein oder anderen Maß Bier betrinken müssen, um deren anmaßenden Massenmissbrauch der deutschen Geschichte und deren Verdrehung ertragen zu können.

S.29

1.) Die Würde des Menschen ist unantastbar… 2.) Alle Menschen haben unabhängig von Merkmalen…

S. 39

Du hast wirklich einen Galgen für jemanden reserviert? Vielleicht solltest du deine eigenen Einstellungen,vor allem bezüglich unseres Grundgesetzes, noch mal auf den Prüfstand stellen.

S.57
1.) Hitler: Rede an die Deutsche Frauenschaft, abgedruckt als die Reden Hitlers am Parteitag der Ehre 1936; 2.) Höcke: Kundgebung in Magdeburg im Oktober 2015; 3.) Hitler: Mark Lehmstedt (Hg.), Leipzig wird braun. Das Jahr 1933 in Zeitungsberichten und Fotografien, Leipzig 2008, S. 46; 3.)Höcke auf einer Veranstaltung der Jungen Alternative in Dresden, 2017; 4.) Hitler: Nürnberger Reichsparteitagsrede von 1937

S.61
1. Norwegen; 6. Jamaika; 15. Deutschland; 18. Kanada; 40. Großbritannien; 45. USA; 58. Polen; 97. Tunesien; 148. Russland; 157. Türkei

S.74

735 698 421	1 = Weihnachtsmann
184 725 639	2 = Brezel
692 413 587	3 = Bier
463 872 915	4 = Schwein
518 349 762	5 = Kartoffel
927 156 843	6 = Wurst
271 984 356	7 = Wecker
856 237 194	8 = Grüner Punkt
349 561 278	9 = Sandale

S.78
1. Antifant | 2. Hitler | 3. BRDGMBH | 4.Chemtrail | 5. Umvolkung | 6. Postfaktisch | 7. Wutbuerger | 8. Reptiloiden | 9. Volk | 10. Islamisierung | 11. Lutz | 12. Zipfelmann | 13. AFD | 14. PEGIDA | 15. Fruehsexualisierung | 16. Luegenpresse | 17. Besorgtbuerger

S.80

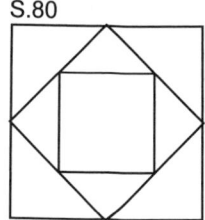

S. 83:
Du möchtest eine Rassentrennung vornehmen, es hat nicht funktioniert und nun schaust du nach der Lösung. Die Wahrheit ist: Es kann nicht funktionieren. Eine systematische Unterteilung der Menschen in Unterarten ist aufgrund ihrer enormen Vielfalt und dem steten Wandel der Gesellschaft durch Zu- und Abwanderung nicht möglich. Äußerliche Unterscheidungsmerkmale wie die Hautfarbe werden nur von sehr wenigen Genen verursacht. Die größten genetischen Unterschiede sind jedoch innerhalb einer sogenannten „Rasse" zu finden. Dein arischer Nachbar ist dir also unter Umständen genetisch gesehen sehr viel fremder als dein Dönerverkäufer.

S. 94
Geburtsort: Erde, Rasse: Mensch, Politik: Freiheit, Religion: Liebe

TRIUMPH
DES WISSENS

HOGESATZBAU

www.triumph-des-wissens.de

www.hogesatzbau.de
info@hogesatzbau.de
www.facebook.com/hogesatzbau
www.twitter.com/hogesatzbau